초등 영어일기
패턴 100 + 따라쓰기 50

초등 영어일기
패턴 100 + 따라쓰기 50

2021년 12월 20일 초판 1쇄 인쇄
2021년 12월 25일 초판 1쇄 발행

지은이 백선엽
발행인 손건
편집기획 김상배, 장수경
마케팅 이언영
디자인 이성세
제작 최승용
인쇄 선경프린테크

발행처 *LanCom* 랭컴
주소 서울시 금천구 시흥대로193, 709호
등록번호 제 312-2006-00060호
전화 02) 2636-0895
팩스 02) 2636-0896
홈페이지 www.lancom.co.kr
이메일 elancom@naver.com

ⓒ 랭컴 2021
ISBN 979-11-89204-59-4 63740

초등 영어일기

백선엽 지음

패턴 100 +
따라쓰기 50

LanCom
Language & Communication

이 책은 이렇게
구성되었다...

일상생활에서 영어 쓸 일이 거의 없는 우리나라 환경에서 영어 일기는 영작문 실력을 향상시킬 수 있는 아주 좋은 방법입니다. 일기는 나의 하루 일과, 내가 관심을 갖고 있는 일, 인상 깊었던 일 등 내가 가장 잘 아는 잘 아는 주제에 대해 생각해보고 적어보는 개인적인 기록이기 때문에 영어로 일기 쓰는 연습을 꾸준히 하면 내 생각을 영어로 표현하는 방법과 표현력을 기를 수 있게 됩니다.

하지만 문법을 잘 모르는데? 그렇습니다. 초등학생에게 문법은 아직 어렵고, 영작문은 멀게만 느껴집니다. 영어일기에 도전하는 초기에는 패턴을 활용하는 것이 가장 쉽습니다. 문법을 잘 몰라도 영작문을 쉽게 할 수 있는 방법이 바로 패턴 문장 연습입니다. 정해진 패턴에 맞춰 작문을 하다 보면 처음엔 좀 어색한 문장이 될 수도 있습니다. 우리말로 일기를 쓸 때처럼 자연스럽게 문장이 이어지지 않을 테니까요. 그래도 매일 꾸준히 영어일기를 쓰다보면 패턴을 자연스럽게 응용할 수 있게 되고, 영작문이 조금씩 쉬워지는 걸 느끼게 됩니다. 나도 모르게 영어식 사고방식을 이해하게 되는 거죠.

이 책은 초등학생들의 일기에 가장 많이 등장하는 주제 50편과 일상에서 자주 쓰이는 핵심 패턴 100개를 담았습니다. 패턴을 이용해 나의 생각을 문장으로 만들면서 생활영어를 자연스럽게 습득하고, 문장의 순서와 시제와 동사 변화 등을 자연스럽게 깨우칠 수 있도록 구성했습니다.

쉬운 설명과 실용적인 예문으로 나만의 일기를 직접 써 보세요. 영어의 기본기가 탄탄해집니다!

✿ 초등 영어일기 패턴 100

일상생활에서 자주 쓰이는 패턴 가운데 초등학생에게 적합한 쉬운 표현 100개를 뽑아 정리했습니다.

각 패턴마다 예문을 5개씩 제시해 패턴을 어떻게 활용하는지, 문장으로 구성했을 때 어떤 뉘앙스를 갖는지 등의 쓰임새를 익힐 수 있습니다.

예문을 통해 패턴의 쓰임새를 익힌 뒤에는 테스트 문제를 2개씩 풀어보면서 패턴을 직접 활용해 볼 수 있도록 했습니다.

✿ 초등 영어일기 따라쓰기 50

초등학생들의 일기에 가장 많이 등장하는 주제 50편을 골라 읽어보고 따라 써 볼 수 있도록 구성했습니다.

앞에서 배운 100가지 패턴이 일기 속에 녹아들어가 있어 패턴 100과 따라쓰기 50이 서로 연결되며 학습효과를 높여줍니다.

초등학생들이 충분히 공감하고 흥미를 가질 수 있는 주제들이라 내용에 대한 접근과 이해가 쉬워서 학습의욕이 저절로 높아집니다.

✿ 원어민 녹음파일 무료제공

영어일기 패턴 100개와 따라쓰기 50편이 모두 녹음되어 있습니다. 무료로 제공하는 MP3 파일을 통해 보다 정확한 발음을 익히는 것도 아주 중요해요.

초등 영어일기 패턴 100 차례

초등 영어일기 따라쓰기 50 차례

초등
영어일기
패턴 100

001

I am...
나는 ....이다

일기를 쓸 때 가장 많이 쓰는 패턴은 **I am**...이에요. 우리말에서는 주어(나는)를 빼기도 하지만 영어에서는 주어를 빼면 절대 안 돼요!

1. **I am** going to Grandma's house today.
   (나는) 오늘 할머니 댁에 갈 거야.

2. **I am** a big sister.
   나는 큰딸이야.

3. **I am** in the second grade.
   나는 2학년이다.

4. **I am** in soccer.
   나는 축구에 빠졌다.

5. **I am** a big boy.
   나는 다 컸어.

 테스트

1. 나는 다른 사람 얘길 잘 들어줘. (a good listener)

   →

2. 나는 낚시를 잘해. (good at fishing)

   →

14

002

I am so(very)...
나는 정말 ...해

일기를 쓰다 보면 강조하고 싶은 일이 많죠. **I am...** 패턴에 **so**나 **very**를 넣어서 '나는 정말 ...야, 난 너무 ...해'라고 강조할 수 있어요. 일기장에서라도 자신을 실컷 칭찬해 주자구요.

1. **I am so** good at math.
   나는 수학을 정말 잘 해.

2. **I am so** happy today.
   (나는) 오늘 너무 행복해.

3. **I am very** sad about my dog.
   (나는) 강아지 때문에 무척 슬퍼.

4. **I am so** tall.
   나는 키가 무척 커.

5. **I am so** good at coloring.
   나는 색칠을 참 잘해.

 테스트

1. (나는) 정말 신나. (excited)

   →

2. 나는 정말 다 컸어. (grown up)

   →

003

She(He) is...
그녀는(그는) ...해.

다른 사람 이야기를 할 때, 그 사람이 여자라면 **She**(그녀), 남자면 **he**(그)라는 대명사를 사용해요.

1. **She is** a big girl.
   그녀는 다 컸어.

2. **She is** my friend.
   그녀는 내 친구야.

3. **He is** mean.
   그는 치사해.

4. **He is** my brother.
   그는 내 남동생이다.

5. **He is** funny!
   그는 재미있어!

 테스트

1. 그녀는 엄마랑 같이 가고 있어. (with her mom)

   →

2. 그는 달리고 있다. (running)

   →

We all...
우리는 모두...

 초등학교 때는 단체활동을 많이 하죠. 가족이나 친구들끼리, 반 전체나 일부, 또는 여러 명이 함께 움직일 때 쓰는 패턴이에요

1. **We all** went to the movies.
   우리는 모두 영화를 보러 갔다.

2. **We all** ate dinner tonight.
   오늘 밤에 우리는 모두 저녁을 먹었다.

3. **We all** had fun at the park.
   우리는 모두 공원에서 재미있게 놀았다.

4. **We all** played baseball.
   우리는 모두 야구를 했다.

5. **We all** like spaghetti.
   우리는 모두 스파게티를 좋아한다.

 테스트

1. 우리는 모두 블록을 가지고 놀았다. (played with blocks)

→ _____

2. 우리는 모두 체육관에서 뛰었다. (ran in gym)

→ _____

17

I wanted ...
나는 ...를 원했다

하루를 돌아보면 갖고 싶었던 것 참 많죠? 그럴 때 **I wanted**... 패턴을 써요. 기본 뜻은 '원하다'지만 우리말로는 앞뒤 내용에 따라 다양하게 해석해요.

1. **I wanted** the red crayon.
   (나는) 그 빨간 크레용을 갖고 싶었다.

2. **I wanted** macaroni for lunch.
   (나는) 점심에 마카로니를 먹고 싶었다.

3. **I wanted** the same book.
   (나는) 같은 책을 원했다.

4. **I wanted** my friend to come over.
   (나는) 내 친구가 놀러왔으면 했다.

5. **I wanted** my sister to play.
   (나는) 내 동생이 놀길 바랐다.

 테스트

1. 나는 비가 멈추길 바랐다. (rain, stop)

→ _____

2. 나는 해가 나오길 원했다. (sun, come out)

→ _____

18

006

I wanted to ...
나는 ...하고 싶었다

갖고 싶었던 물건이 아니라 하고 싶었던 일, 어떤 행동에 대해 쓰고 싶을 때는 **I wanted**에 **to**를 붙이면 돼요. 간단하죠?

1. **I wanted to** play with my friends.
   나는 내 친구들과 놀고 싶었다.

2. **I wanted to** eat more candy.
   나는 캔디를 더 먹고 싶었다.

3. **I wanted to** go to the toy store.
   나는 장난감 가게에 가고 싶었다.

4. **I wanted to** read my book.
   나는 내 책을 읽고 싶었다.

5. **I wanted to** wear my blue shirt.
   나는 내 파란 셔츠를 입고 싶었다.

 테스트

1. 나는 도둑고양이를 키우고 싶었다. (keep the stray cat)

   →

2. 나는 친구 집에 가고 싶었다. (my friend's house)

   →

I also had...
나는 ...도 있었다

have는 마법동사예요. 기본 뜻은 '...을 가지고 있다'지만, 뒤에 따라오는 명사나 동사에 따라 다양한 뜻으로 바뀌거든요. 볼까요?

1. **I also had** the chicken pox.
   나는 수두도 앓았다.

2. **I also had** a tummy ache.
   나는 복통도 있었다.

3. **I also had** a blue crayon.
   나는 파란색 크레용도 가지고 있었다.

4. **I also had** a dog.
   나는 강아지도 키웠었다.

5. **I also had** to go to sleep.
   나도 역시 자러 가야 했다.

 테스트

1. 나는 갈색 신발도 가지고 있었다. (brown shoes)
   →
   _____

2. 나도 곱슬머리였다. (curly hair)
   →
   _____

I also want...
나는 ...도 원해

 also는 '..도'라는 뜻이에요. 여러 가지 소망들을 이야기할 때 이 패턴을 사용할 수 있어요.

1. **I also want** to play with mom.
   나도 엄마랑 놀고 싶어.

2. **I also want** corn for dinner.
   나는 저녁으로 옥수수도 먹고 싶어.

3. **I also want** a baby frog.
   나는 아기 개구리도 갖고 싶어.

4. **I also want** a new game to play.
   나는 새 게임도 하고 싶어.

5. **I also want** a snow day.
   나는 눈 오는 날도 기다려.

 테스트

1. 나는 꽃도 갖고싶어. (flowers)

   →

2. 나는 보라색 줄넘기도 갖고 싶어. (a purple jump rope)

   →

009

I(We) went to...
나는(우리)는 ...에 갔다

went는 **go**(가다)의 과거형이에요. 일기는 하루 일과를 적는 거니까
아무래도 과거형으로 쓸 일이 많겠죠?

1. **We went to** the store.
   우리는 가게에 갔다.

2. **We went to** church.
   우리는 교회에 갔다.

3. **We went to** school.
   우리는 학교에 갔다.

4. **I went to** the bathroom.
   나는 화장실에 갔다.

5. **I went to** my friend's house.
   나는 친구 집에 갔다.

 테스트

1. 나는 자러 갔다. (sleep)

   ➜ _____

2. 우리는 호수에 갔다. (the lake)

   ➜ _____

010

She(He) wants to...
그녀(그는) ...하고 싶어 한다

앞에서 **I want** 배웠죠? 그런데 여기선 **want**가 아니고 **wants**네요? 주어가 **She**나 **He**이고 현재의 일을 말할 때는 동사 뒤에 반드시 **s**를 붙여야 해요. 중요한 거니까 꼭 기억하세요!

1. **He wants to** play soccer.
   그는 축구를 하고 싶어 한다.

2. **She wants to** play hopscotch.
   그녀는 돌치기를 하고 싶어 한다.

3. **He wants to** swing on the swings.
   그는 그네를 타고 싶어 한다.

4. **She wants to** run.
   그녀는 달리고 싶어 한다.

5. **He wants to** sing.
   그는 노래하고 싶어 한다.

 테스트

1. 그녀는 스크래블을 하고 싶어 한다. (play Scrabble)

→ _____

2. 그는 낮잠을 자고 싶어 한다. (take a nap)

→ _____

011 I never want to...
나는 절대 ...하고 싶지 않아

never는 '절대 ...아니다'라는 뜻이에요. **not**보다 훨씬 강하게 아니라고 부정하는 표현이죠.

1. **I never want to** say something mean.

    나는 절대로 나쁜 말을 하고 싶지 않아.

2. **I never want to** make my sister cry.

    나는 절대로 내 여동생을 울리고 싶지 않아.

3. **I never want to** get a bad grade in school.

    나는 절대로 학교에서 나쁜 성적을 받고 싶지 않아.

4. **I never want to** have bad dreams.

    나는 절대로 나쁜 꿈을 꾸고 싶지 않아.

5. **I never want to** be sick.

    나는 절대로 아프지 않기를 바라.

 테스트

1. 나는 절대로 강아지를 없애고 싶지 않아. (get rid of)

→ _____

2. 나는 절대로 콩을 먹고 싶지 않아. (green beans)

→ _____

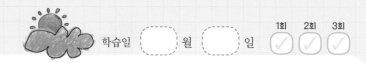

학습일 ◯ 월 ◯ 일   1회 2회 3회

It was...
그것은 ...이었다

시간·날짜·거리·날씨 등에 대해 말할 때, 앞에서 말한 내용이나 상황에 대해서 말할 때는 **It was...** 를 써요. **was**는 **is**의 과거형이에요.

1. **It was** a fun vacation.
   (그것은) 재미있는 방학이었다.

2. **It was** the only way.
   그것이 유일한 길이었다.

3. **It was** a long time ago.
   (그건) 아주 오래 전 일이었다.

4. **It was** a big spider.
   그건 커다란 거미였다.

5. **It was** a sad story.
   (그건) 슬픈 이야기였다.

 테스트

1. (그건) 맛있는 식사였다. (a tasty dinner)
   →

2. 그건 다른 것과 비슷한 거였다. (just like the other one)
   →

25

013

It was so(very)...
그것은 정말 ... 이었다

앞에서 **I am...** 패턴에 **so** 나 **very**를 넣었던 것 기억하죠? 뭔가를 강조하고 싶을 땐 어떤 문장에서든 **so** 나 **very**를 활용해요.

1. **It was so** funny.
   그건 정말 웃겼다.

2. **It was very** soft.
   그것은 무척 부드러웠다.

3. **It was very** big.
   그것은 아주 컸다.

4. **It was so** hard to do.
   그건 너무 하기 어려웠다.

5. **It was so** weird.
   그것은 정말 이상했다.

 테스트

1. 방 안은 무척 어두웠다. (dark in the room)

→ _____

2. 그것은 너무 시끄러웠다. (loud)

→ _____

26

It is...
그것은 ...이다

앞에서 **It was...** 배웠죠? 일기는 그날 일어난 일에 대해 쓰는 거니까 주로 과거형을 쓰게 되지만 소감이나 생각을 말할 때는 **It is...**처럼 현재형을 써야 해요.

1. **It is** the best thing that ever happened to me.
   그것은 이제껏 내게 일어났던 일들 중에서 최고의 일이다.

2. **It is** the fastest car.
   그것은 가장 빠른 자동차다.

3. **It is** good to drink a lot of milk.
   우유를 많이 먹는 건 좋은 일이다.

4. **It is** the best bike in the store.
   그것은 그 가게에서 가장 좋은 자전거다.

5. **It is** a funny story.
   그건 재미있는 이야기다.

 테스트

1. 그것은 큰 한 잔의 물이다. (a big glass of water)

   →

2. 이렇게 오래 기다리긴 힘들다. (hard, wait this long)

   →

015

It's time to...

...할 시간이다

time to... 다음에 동사원형이 나오면 '...할 시간이다'라는 뜻으로 특정한 시간을 나타내고, 시간의 경과를 나타낼 때도 쓸 수 있어요.

1. **It's time to** brush my teeth.

    이 닦을 시간이다.

2. **It's time to** go to bed.

    잠 자러 갈 시간이다.

3. **It's time to** do our homework.

    숙제 할 시간이다.

4. **It's time to** go to church.

    교회에 갈 시간이다.

5. **It's time to** exercise.

    운동할 시간이다.

 테스트

1. 할머니 댁에 갈 시간이다. (grandma's house)

    →

2. 학교에 갈 시간이다. (school)

    →

It was time to...
...할 시간이었다

It is time to...는 '...할 시간이다'라는 뜻이었는데 is를 과거형인 was로 살짝 바꿔주면 '...할 시간이었다'라는 뜻이 됩니다.

1. **It was time to** say good bye.
   작별인사를 할 시간이었다.

2. **It was time to** go back to work.
   다시 일을 할 시간이었다.

3. **It was time to** finish our chores.
   잡다한 집안일을 끝낼 시간이었다.

4. **It was time to** water the plants.
   화분에 물을 줄 시간이었다.

5. **It was time to** return the library books.
   도서관에 책을 돌려줄 시간이었다.

 테스트

1. 집을 청소할 시간이었다. (clean the house)

   →

2. 미술 수업에 갈 시간이었다. (art class)

   →

017

She was...
그녀는 ...이었다

was는 be동사 am과 is의 과거형이에요. 그래서 '...였다'라고 지난 이야기를 할 때 I am은 I was, She is는 She was가 되는 거죠.

1. **She was** my best friend.
그 애는 내 가장 친한 친구였다.

2. **She was** a funny lady.
그 숙녀는 재미있는 분이었다.

3. **She was** my first teacher.
그분은 내 첫 번째 선생님이었다.

4. **She was** a singer.
그녀는 가수였다.

5. **She was** my mom's sister.
그분은 우리 이모였다.

 테스트

1. 그 여자는 못된 사람이었다. (a mean person)

→ _____

2. 그녀는 그 경기에서 최고 선수였다. (the best runner)

→ _____

It was my...

그것은 나의 ...이었다

 my는 '나의...'라는 뜻이에요. 그것이 나와 어떤 관계인지, 나에게 어떤 의미인지를 말할 때 쓰는 표현이에요.

1. **It was my** favorite park.

   그건 내가 가장 좋아하는 공원이었다.

2. **It was my** book bag that was stolen.

   그것은 도둑맞았던 내 가방이었다.

3. **It was my** birthday.

   내 생일이었다.

4. **It was my** first day of school.

   내가 학교에 가는 첫 날이었다.

5. **It was my** favorite game to play.

   그것은 내가 가장 좋아하는 게임이었다.

 테스트

1. 그것은 내 연필이었다. (pencil)

   →

2. 그것은 내 생각이었다. (idea)

   →

O 19

It was fun...

...는 참 재미있었다

fun은 '즐거운, 재미있는'이라는 뜻이에요. funny랑 좀 헷갈리죠?
funny도 뜻은 비슷한데 웃긴다는 느낌이 들어 있어요.

1. **It was fun** to play today.

   오늘은 넘나 재미있게 놀았다.

2. **It was fun** to draw and paint.

   그림을 그리고 칠하는 것은 재미있었다.

3. **It was fun** when we were together.

   우리가 함께 였을 때는 참 즐거웠다.

4. **It was fun** when we rode our bikes.

   우리가 자전거를 탔을 때는 넘 재미있었다.

5. **It was fun** to laugh with you.

   너와 함께 웃을 때 참 즐거웠어.

 테스트

1. 달리는 건 넘 재미있었다. (run)

   →

   _____

2. 놀이터에서 그네 타는 건 재미났다. (swing at the playground)

   →

   _____

020

I was very...
나는 매우 ...이었다

 앞에서 배운 **I am very**의 과거형이에요. **very**는 '매우, 무척, 아주, 정말'이라는 뜻으로 느낌이나 상황을 강조할 때 사용해요.

1. **I was very** angry with my brother.
   나는 남동생한테 정말 화가 났다.

2. **I was very** happy.
   나는 무척 행복했다.

3. **I was very** excited about the party.
   나는 파티 때문에 정말 신이 났었다.

4. **I was very** worried about my friend.
   나는 내 친구가 무척 걱정스러웠다.

5. **I was very** tired last.
   나는 마지막엔 정말 피곤했다.

 테스트

1. 어둠 속에서 나는 정말 무서웠다. (scared in the dark)

   →

2. 난 정말 흥미로웠고 재미있었다. (interesting and funny)

   →

021

I was worried...
나는 ...을 걱정했다

be worried는 '걱정하다, ~때문에 골치를 앓다'라는 뜻이에요. 이 패턴만 알아두면 걱정스러운 모든 상황을 표현할 수 있어요.

1. **I was worried** when my brother fell.
   나는 내 동생이 넘어졌을 때 걱정이 되었다.

2. **I was worried** this morning.
   오늘 아침에 난 걱정했다.

3. **I was worried** about the homework assignment.
   나는 숙제 때문에 걱정했다.

4. **I was worried** about you.
   너 때문에 걱정했어.

5. **I was worried** about the future.
   나는 미래가 걱정스러웠다.

 테스트

1. 나는 내가 답을 모를까봐 걱정했다. (know the answer)

   →
   _____

2. 네가 오지 못할까봐 걱정했어. (come over)

   →
   _____

022

I was so excited...
나는 ...(때문)에 너무 신났다

 be excited는 '신이 난, 들뜬, 흥분한' 이라는 뜻이에요. 거기다 **so** 가 붙었으니 얼마나 신나고 들떴을지 느낌이 오죠?

1. **I was so excited** about our day at the beach.
   바닷가에 놀러갈 생각에 나는 정말 신났다.

2. **I was so excited** to meet you.
   널 만나서 너무 신났어.

3. **I was so excited** about the book you gave me.
   네가 준 책 때문에 완전 신났어.

4. **I was so excited** about the party.
   파티 때문에 난 너무나 들떴다.

5. **I was so excited** about the weekend.
   주말 생각에 난 무척 들떴다.

 테스트

1. 생일 선물을 받아서 난 정말 신났다. (get a birthday gift)

   →

2. 상을 타서 난 너무 신났다. (win a prize)

   →

023

I wasn't...
나는 ...가 아니었다

I am not의 과거형은 **I was not** 또는 **I wasn't**예요. **am**과 **is**의 과거형은 **was**니까요. **wasn't**는 **was not**의 줄임말이에요.

1. **I wasn't** at home when she called.
   그녀가 전화했을 때 나는 집에 없었다.

2. **I wasn't** going to go to the movies.
   나는 영화를 보러 갈 예정이 아니었다.

3. **I wasn't** at the library yesterday.
   나는 어제 도서관에 있지 않았다.

4. **I wasn't** afraid of ghosts.
   나는 유령을 무서워하지 않았다.

5. **I wasn't** sure how to make noodles.
   나는 국수를 어떻게 만드는지 확신이 안 섰다.

 테스트

1. 그 일이 일어났을 때 나는 거기에 없었다. (when it happened)

   →
   _____

2. 게임에 져서 난 만족하지 못했다. (about losing the game)

   →
   _____

36

They were...
그들은 ...이었다

They는 '그들'이라는 뜻으로 사람이든 동물이든 3명 이상이 있을 때 쓰는 대명사예요. **were**은 **are**의 과거형이고요.

1. **They were** on vacation.
   그들은 휴가중이었다.

2. **They were** at home last night.
   그들은 어젯밤에 집에 있었다.

3. **They were** good friends.
   그들은 좋은 친구였다.

4. **They were** at the beach.
   그들은 바닷가에 있었다.

5. **They were** reading the newspaper.
   그들은 신문을 읽고 있었다.

 테스트

1. 그들은 아이스크림을 먹고 있었다. (eating ice cream)

   →

2. 그들은 텔레비전을 보고 있었다. (watching television)

   →

025

Today was...
오늘은 ...이었다

Today는 '오늘'이라는 뜻이에요. 오늘 있었던 일을 돌아보면서 오늘 하루가 어땠는지 평가할 때 딱 좋은 표현이죠.

1. **Today was** a hot day.
   오늘은 더운 날이었다.

2. **Today was** a good day.
   오늘은 좋은 날이었다.

3. **Today was** a rainy day.
   오늘은 비 오는 날이었다.

4. **Today was** my birthday.
   오늘은 내 생일이었다.

5. **Today was** the first day of summer.
   오늘은 여름의 첫날이었다.

 테스트

1. 오늘은 내 생애 최고의 날이었다! (the best day of my life)

   →

2. 오늘은 긴 하루였다. (a long day)

   →

026

I didn't...
나는 ...하지 않았다

do(하다)의 과거형은 **did** 이고 **did**의 부정형은 **did not**, 줄여서 **didn't**예요. 여기서 꼭 알아야 할 것은 **didn't** 뒤에는 반드시 동사원형이 온다는 거예요. 예문을 잘 보고 꼭 기억하세요.

1. **I didn't** know his name.
   난 그의 이름을 몰랐다.

2. **I didn't** know how to wash the clothes
   난 어떻게 옷을 빠는지 알지 못했다.

3. **I didn't** know the song.
   나는 그 노래를 알지 못했다.

4. **I didn't** understand the question.
   나는 그 질문을 이해하지 못했다.

5. **I didn't** think the joke was funny.
   나는 그 농담이 재미있다고 생각하지 않았다.

테스트

1. 나는 울지 않았다. (cry)

→ _____

2. 나는 가고 싶지 않았다. (to go)

→ _____

39

027

I didn't feel...
나는 ...할 기분이 아니었다

feel은 '느끼다, ~라고 생각하다'라는 뜻으로 기분이나 느낀 점을 이야기할 때 쓸 수 있는 표현이에요. '감이 온다'는 우리 표현과 비슷한 뉘앙스로도 쓰여요.

1. **I didn't feel** sick.
나는 아프지 않았다.

2. **I didn't feel** the dog's fur.
나는 강아지 털을 느끼지 못했다.

3. **I didn't feel** well.
나는 기분이 좋지 않았다.

4. **I didn't feel** happy.
나는 행복하지 않았다.

5. **I didn't feel** that he was being nice.
나는 그가 착하다고 생각되지 않았다.

테스트

1. 나는 샌드위치를 먹고 싶지 않았다. (like eating sandwiches)

→ _____

2. 나는 슬프지 않았다. (sad)

→ _____

I felt much...
난 기분이 훨씬 ...했다

feel처럼 느낌을 나타내는 동사를 강조할 땐 much를 써요. much 뒤에는 꼭 비교급이 오는 거 알죠? felt는 feel의 과거형이에요.

1. **I felt much** better after I took the medicine.
약을 먹고 나서는 기분이 훨씬 나아졌다.

2. **I felt much** sicker yesterday.
나는 어제보다 훨씬 더 아픈 것 같았다.

3. **I felt much** happier when I was swimming.
나는 수영하고 있을 때 훨씬 더 행복했다.

4. **I felt much** safer inside the house.
나는 집 안에서 훨씬 안전한 기분이 들었다.

5. **I felt much** hotter when I was in the sun.
태양 아래에 있을 때 훨씬 더 더운 것 같았다.

 테스트

1. 나는 그보다 훨씬 더 화가 난다고 느꼈다. (more angry than)
→

2. 나는 그녀보다 훨씬 더 예쁘다고 생각했다. (prettier than)
→

029

I didn't want to...

나는 ...하고 싶지 않았다

I didn't want to...는 앞에서 배운 **I wanted to...**와 반대되는 표현이에요. 오늘 절대로 하고 싶지 않았는데 해야 했던 일이 있었나요? 그럼 일기에 써 봐요. 마음이 풀린답니다^^

1. **I didn't want to** tell him the truth.
   나는 걔한테 사실을 말해주고 싶지 않았다.

2. **I didn't want to** sing.
   나는 노래 부르고 싶지 않았다.

3. **I didn't want to** read the magazine.
   나는 그 잡지를 읽고 싶지 않았다.

4. **I didn't want to** go there.
   나는 그곳에 가고 싶지 않았다.

5. **I didn't want to** stay here.
   나는 이곳에 머물고 싶지 않았다.

 테스트

1. 나는 그 신발을 사고 싶지 않았다. (buy those shoes)

   →

2. 나는 자러 가고 싶지 않았다. (go to sleep)

   →

030

I feel excited...
나는 ...해서 신난다

feel excited는 be excited와 똑같이 '흥분된다, 신난다, 들뜬다' 는 뜻이에요. 같은 의미의 표현들을 다양하게 사용하면서 미묘한 뉘 앙스 차이를 느끼다 보면 어휘력이 저절로 풍부해져요.

1. **I feel excited** when I hear the music.
   나는 그 음악을 들으면 신나.

2. **I feel excited** when I see my friends.
   나는 내 친구들을 만나면 신난다.

3. **I feel excited** about life.
   나는 인생이 신난다.

4. **I feel excited** about dancing.
   나는 춤추는 것 때문에 들떠 있다.

5. **I feel excited** when I get a prize.
   나는 상을 받았을 때 흥분이 되었다.

 테스트

1. 나는 여름이면 신이 난다. (when it is summer)

→ _____

2. 영화를 보러 가게 되어서 신난다. (about going to the movies)

→ _____

I wouldn't...
난 ...하지 않을 거야

would는 미래를 예상하거나 상상하면서 '...할 거야'라고 말할 때 쓰는 표현이에요. 반대는 **wouldn't**, **would not**의 줄임말이에요

1. **I wouldn't** eat that.
   난 저건 먹지 않을 거야.

2. **I wouldn't** iron clothes if I didn't have to.
   꼭 해야 하는 거 아니면 옷 다리지 않을래.

3. **I wouldn't** go to the party with her.
   그녀와 함께 파티에 가진 않을 거야.

4. **I wouldn't** believe what he says.
   난 그가 말한 것을 믿지 않을 거야.

5. **I wouldn't** laugh at her jokes.
   난 그녀의 농담에 웃지 않을 거야.

 테스트

1. 난 폭풍이 치는 동안은 수영하지 않을 거야. (during a storm)

   →

2. 난 안 읽어도 된다면 그 책 읽지 않을 거야. (read that book)

   →

44

032

I couldn't...
난 ...할 수 없었다

could는 can(...할 수 있다)의 과거형입니다. can not의 줄임말은 can't죠? could not의 줄임말은 couldn't예요.

1. **I couldn't** make it to work on time.
   난 그걸 제 시간에 할 수가 없었다.

2. **I couldn't** run that far.
   난 그렇게 멀리 달릴 수가 없었다.

3. **I couldn't** go to school when I was sick.
   난 아팠을 때 학교에 갈 수 없었다.

4. **I couldn't** think of anything to say.
   나는 다른 할 말을 생각할 수 없었다.

5. **I couldn't** do the math problem.
   나는 수학 문제를 풀 수 없었다.

 테스트

1. 나는 케이크를 다 먹을 수가 없었다. (finish eating the cake)

→

2. 나는 그녀에게 거짓말을 할 수 없었다. (lie to her)

→

033

I couldn't feel...
난 ...를 느낄 수 없었다

couldn't는 '...할 수 없었다'라는 뜻이고 feel은 '느끼다'라는 뜻이니까 붙여 말하면 어떤 감정을 느끼지 못했다는 뜻이 됩니다.

1. **I couldn't feel** any worse.
   이보다 더 나쁠 수는 없었다.

2. **I couldn't feel** the bug bite me.
   난 벌레가 무는 걸 느끼지 못했다.

3. **I couldn't feel** happy about what happened.
   일어난 일에 대해 행복한 기분이 들지 않았다.

4. **I couldn't feel** the glass cut my hand.
   난 유리가 손을 베는 걸 느끼지 못했다.

5. **I couldn't feel** smart next to her.
   난 그녀 옆에서 내가 똑똑하다는 느낌이 들지 않았다.

 테스트

1. 난 아무것도 느낄 수가 없었다. (anything)

   →

2. 난 고통을 느끼지 못했다. (pain)

   →

I had to...
난 ...해야 했다

have to는 '...해야만 한다'는 뜻으로 숙제나 심부름처럼 꼭 해야 하는 일을 이야기할 때 써요. **had to**는 **have to**의 과거형이에요.

1. **I had to** go to class.
   난 수업에 가야 했다.

2. **I had to** make up my mind.
   난 마음을 정해야 했다.

3. **I had to** run quickly.
   난 빨리 뛰어야 했다.

4. **I had to** take out the trash.
   난 쓰레기를 내다 버려야 했다.

5. **I had to** study a lot.
   난 공부를 많이 해야 했다.

 테스트

1. 난 가게에 가야 했다. (go to the store)

   →

2. 난 설거지를 해야 했다. (clean the dishes)

   →

035

No one could...
아무도 ...할 수 없었다

No one은 '아무도... 않다[없다/아니다]'라는 뜻으로 그 다음에 **not**이나 **never**같은 부정어가 오지 않더라도 이미 부정문이에요.

1. **No one could** understand what I said.
   아무도 내 말을 이해하지 못했다.

2. **No one could** think of something to do.
   해야 할 일을 누구도 생각하지 못했다.

3. **No one could** read his handwriting.
   아무도 걔 손글씨를 알아볼 수가 없었다.

4. **No one could** play outside.
   아무도 밖에 나가서 놀지 못했다.

5. **No one could** swim that far.
   아무도 그렇게 멀리까지 수영하지 못했다.

 테스트

1. 아무도 그 나무를 오르지 못했다. (climb that tree)

   →

2. 누구도 그녀의 질문에 답할 수 없었다. (answer her question)

   →

I can't stop...
난 ...를 멈출 수 없다

can't는 cannot의 줄임말이고, stop은 '멈추다'라는 뜻이에요.
stop 뒤에는 동명사라고 하는 '동사+-ing형'이 오기도 하고 명사가
오기도 해요.

1. **I can't stop** thinking about it.
난 그것에 대한 생각을 멈출 수가 없다.

2. **I can't stop** running.
나는 달리는 것을 멈출 수가 없다.

3. **I can't stop** the rain.
나는 비를 멈출 수 없다.

4. **I can't stop** a train.
나는 기차를 멈출 수 없다.

5. **I can't stop** her from going.
나는 그녀를 못 가게 할 수 없다.

테스트

1. 난 춤을 멈출 수가 없다! (dancing)

→

2. 나는 재채기를 멈출 수가 없다. (sneezing)

→

49

You must...
넌 ...해야만 해

must는 '...해야만 해'라는 뜻으로, 신호등을 지킨다거나 도서관에서 소리를 지르지 않는다는 것과 같은 의무를 이야기할 때 쓸 수 있어요.

1. **You must** go to bed on time.

   넌 제 시간에 자러 가야해.

2. **You must** do your chores.

   너는 네 일을 해야 해.

3. **You must** give your mom a hug.

   넌 엄마를 안아드려야 해.

4. **You must** say something funny.

   넌 무언가 재미있는 것을 말해야 해.

5. **You must** brush your teeth.

   넌 이를 닦아야만 해.

 테스트

1. 넌 집을 청소해야만 해. (clean the house)

→ _____

2. 넌 학교에 가야만 해. (go to school)

→ _____

50

038

I have to...
난 ...해야 해

 have to +동사원형은 '...해야 한다'라는 뜻이에요. **must**보다 의무의 정도가 약하고 부드러워요. 동생과 잘 지내기, 숙제하기처럼 꼭 해야 할 일을 기록하거나 말할 때 쓸 수 있어요.

1. **I have to** try my best.
   난 최선을 다 해야 해.

2. **I have to** bring my sister.
   난 내 여동생을 데려가야 해.

3. **I have to** buy a present for her.
   그녀에게 줄 선물을 사야 해.

4. **I have to** go to the hospital.
   난 병원에 가야 해.

5. **I have to** say something nice.
   난 뭔가 멋진 말을 해야 해.

 테스트

1. 난 그것에 대해 생각해 봐야 해. (think about)

   →

2. 난 그녀를 믿어야 해. (believe)

   →

I can't ...
난 ...할 수 없어

can't는 cannot의 줄임말이에요. '...할 수가 없다'는 뜻이죠. 뒤에는 반드시 동사원형이 온다는 것 잊지 마세요.

1. **I can't** finish the race.
난 그 경기를 끝낼 수가 없어.

2. **I can't** sing.
난 노래를 부를 수 없어.

3. **I can't** eat before dinner.
난 저녁식사 전에는 먹을 수 없어.

4. **I can't** understand what he said.
난 그가 말한 걸 이해할 수가 없어.

5. **I can't** lift that heavy box.
난 저 무거운 상자를 들 수가 없어.

테스트

1. 난 그 영화를 볼 수 없어. (watch the movie)

→ _____

2. 난 그것을 빠르게 읽을 수가 없어. (read that quickly)

→ _____

I tried to...
난 ...하려고 애를 썼다

try to + 동사원형은 '...하려고 노력하다, 애쓰다'라는 뜻이에요. 시험 볼 때 한 문제라도 더 맞추려고 무진장 애쓰죠? 그럴 때 쓸 수 있는 표현입니다.

1. **I tried to** win the race.
   난 경주에서 이기려고 애를 썼다.

2. **I tried to** make her smile.
   난 그녀를 웃게 하려고 노력했다.

3. **I tried to** find the treasure.
   난 보물을 찾으려고 애를 썼다.

4. **I tried to** arrive early.
   난 일찍 도착하려고 노력했다.

5. **I tried to** do the math problem.
   난 수학 문제를 풀려고 애를 썼다.

 테스트

1. 난 잃어버린 강아지를 찾으려고 노력했다. (find the lost dog)

   →

2. 난 멋진 선물을 사려고 애를 썼다. (buy a nice gift)

   →

I will try to...
난 ...하려고 노력할 거야

will은 미래에 '...할 것이다'라는 뜻이에요. 새해 첫 날 마음을 굳게 먹고 한 해 계획을 세울 때처럼 의지 가득할 때 will을 사용해요.

1. **I will try to** make her happy.
난 그녀를 행복하게 하려고 노력할 거야.

2. **I will try to** do my best.
난 최선을 다할 거야.

3. **I will try to** find the shoe.
난 그 신발 한 짝을 찾으려고 노력할 거야.

4. **I will try to** sing the song.
난 그 노래를 불러 볼 거야.

5. **I will try to** tell a joke.
난 농담을 하려고 노력할 거야.

 테스트

1. 난 그 경기를 이기려고 노력할 거야. (win the game)
→

2. 난 시를 쓰려고 노력할 거야. (write a poem)
→

042

Last week I had (to)...
지난주에 나는 ...가 있었다

 Last week은 '지난주'라는 뜻이에요. **I** 뒤에 **had**만 오면 '...가 있었다' **had to**가 오면 '...를 했어야 했다'라는 의미가 됩니다.

1. **Last week I had to** iron the clothes.
   지난주에 나는 옷들을 다려야만 했다.

2. **Last week I had to** buy groceries.
   지난주에 나는 식료품들을 사야만 했다.

3. **Last week I had to** give the dog a bath.
   지난주에 하는 강아지를 목욕시켜야 했다.

4. **Last week I had to** plant the garden.
   지난주에 나는 정원에 꽃을 심어야 했다.

5. **Last week I had** the flu.
   지난주에 나는 독감에 걸렸다.

 테스트

1. 지난주에 나는 내 남동생을 돌봐야 했다. (take care of)

   →
   _____

2. 지난주에 나는 파티를 했다. (a party)

   →
   _____

There were...

...들이 있었다

There is/are는 '...가 있다'라는 뜻이에요. 그런데 과거에 무언가가 있었다면? 하나만 있었다면 There was... 여러 개가 있었다면 There were 라고 하면 되겠죠?

1. **There were** bugs in the food.
   음식에 벌레들이 있었다.

2. **There were** snakes in the garden.
   정원에 뱀들이 있었다.

3. **There were** mice in the house.
   집 안에 쥐들이 있었다.

4. **There were** blue sweaters at the store.
   가게에 파란 스웨터들이 있었다.

5. **There were** boxes in the car.
   자동차 안에 상자들이 있었다.

 테스트

1. 개야 할 옷들이 있었다. (clothes to fold)

→ _____

2. 치워야 할 장난감들이 있었다. (toys to put away)

→ _____

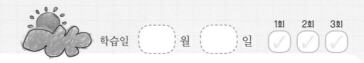

044

There was(were) a lot of...
많은 ...가 있었다

 a lot of는 '많은 ...'이라는 뜻이에요. 그냥 many 쓰면 될 텐데 왜 굳이? many는 셀 수 있는 명사에만 쓸 수 있는데 a lot of는 셀 수 있든 없든 다 쓸 수 있어요.

1. **There was a lot of** paper on the desk.
   책상 위에는 많은 종이가 있었다.

2. **There was a lot of** ink in the pen.
   펜에는 잉크가 많았다.

3. **There was a lot of** paint in the bucket.
   양동이에는 페인트가 많이 들어 있었다.

4. **There were a lot of** people.
   사람들이 아주 많았다.

5. **There was a lot of** music at the party.
   파티에서 많은 음악을 틀었다

 테스트

1. 저녁식사로 많은 좋은 음식이 차려져 있었다. (good food at dinner)

   →

2. 빗에 머리카락이 잔뜩 붙어 있었다. (hair in the comb)

   →

045

There was...

...가 있었다

어떤 물건이 하나만 있을 때 우리는 **There is**...라는 표현을 사용해요. 그런데 그 물건이 예전에 있었던 거라면 **is**만 과거형 **was**로 바꿔서 **There was**라고 표현하면 된답니다.

1. **There was** a toy box.
   장난감 상자가 있었다.

2. **There was** a girl at the store.
   가게에는 한 소녀가 있었다.

3. **There was** a cat in the house.
   집 안에는 고양이 한 마리가 있었다.

4. **There was** a dog in the street.
   길에 개 한 마리가 있었다.

5. **There was** a coin in the purse.
   지갑 속에는 동전이 하나 들어있었다.

 테스트

1. 음악이 나오고 있었다. (music being played)
   →
   _____

2. 마실 물이 있었다. (water to drink)
   →
   _____

I(We) got...
난(우린) ...를 받았다

get은 매우 다양한 방식으로 사용되고 여러 가지 의미로 해석되는 중요한 단어예요. 기본 뜻은 '받다, 얻다, 갖게 되다'지만 뒤에 어떤 종류의 단어가 오느냐에 따라 조금씩 달라집니다.

1. **We got** a new puppy.
   우리는 새로운 강아지를 얻었다.

2. **I got** a present.
   나는 선물을 받았다.

3. **I got** an email from Sumi this morning.
   오늘 아침에 수미한테서 이메일을 받았다.

4. **I got** a bike.
   난 자전거를 얻었다.

5. **I got** a camera.
   난 카메라를 받았다.

 테스트

1. 난 맙상 코트를 받았다. (the ugly coat)

   ➜ _____

2. 나는 문자를 받았다. (a text message)

   ➜ _____

047

I just got...
난 단지 ... 받았다

just는 '방금, 단지'라는 뜻이에요. 바로 앞에서 배운 **I got...**에 **just**만 붙이면 '방금[단지] ...을 받다[얻다/갖게 되다]'라는 뜻이 되어 바로 직전에 일어난 일이라는 걸 표현할 수 있어요.

1. **I just got** a new pair of pants.
   난 방금 새 바지 한 벌을 받았다.

2. **I just got** cold.
   난 단지 감기에 걸렸을 뿐이었다.

3. **I just got** an award.
   난 방금 상을 받았다.

4. **I just got** an idea.
   (난) 방금 아이디어가 떠올랐다.

5. **I just got** a piece of candy.
   난 단지 사탕 하나를 받았을 뿐이었다.

 테스트

1. 난 그냥 열이 났을 뿐이었다. (a fever)
   →

2. 난 방금 새 자전거를 받았다. (a new bike)
   →

60

I(We) got some...
나(우리) ...를 조금 받았다

 some은 '몇몇의, 조금의'라는 뜻이에요. 한 개가 아니라 여러 개를 받았지만 많은 건 아니라는 것을 나타낼 때 쓸 수 있는 표현이에요.

1. **We got some** tickets to the game.
   우리는 게임 티켓을 몇 장 얻었다.

2. **We got some** new dresses.
   우리는 새 옷을 몇 벌 받았다.

3. **We got some** apples.
   우리는 사과를 조금 얻었다.

4. **I got some** notebooks.
   나는 공책을 몇 권 얻었다.

5. **I got some** pencils.
   나는 연필을 몇 자루 받았다.

 테스트

1. 우리는 간식을 조금 받았다. (snacks)

→

2. 난 장난감을 조금 얻었다. (toys)

→

049

It got...
그것은 ...이었다

앞에서 **get**은 매우 다양한 방식으로 사용되고 여러 가지 의미로 해석되는 중요한 단어라고 했죠? **It**과 함께 쓰면 **be**동사처럼 '...이다'라는 뜻이 돼요.

1. **It got** hot inside.
   실내는 더웠다.

2. **It got** cold outside.
   바깥은 추웠다.

3. **It got** dark.
   어두웠다.

4. **It got** scary at midnight.
   한밤중에는 무서웠다.

5. **It got** windy.
   바람이 불었다.

 테스트

1. 비가 내렸다. (rainy)
→ _____

2. 해가 쨍쨍했다. (sunny)
→ _____

050

It got very...
그것은 매우 ...이었다

very는 '정말, 매우'라는 뜻으로 강조할 때 쓰는 표현이에요. 형용사나 형용사로 쓰이는 과거분사, 또는 부사와 함께 쓰여요.

1. **It got very** difficult.
   그것은 정말 어려웠다.

2. **It got very** snowy.
   눈이 아주 많이 왔다.

3. **It got very** humid.
   그건 무척 축축했다.

4. **It got very** stressful.
   스트레스가 정말 장난 아니었다.

5. **It got very** sticky.
   그건 참 끈끈했다.

 테스트

1. 무척 미끄러웠다. (slippery)

→

2. 아주 따뜻했다. (warm)

→

051

I thought...

...라고 생각했다

thought는 **think** '생각하다'의 과거형이에요. 예전에 했던 생각이나 의견 같은 것을 말할 때 이 패턴을 사용하면 딱 좋아요.

1. **I thought** you liked me.
   난 네가 나를 좋아한다고 생각했어.

2. **I thought** so.
   그렇다고 생각했다.

3. **I thought** my mom was outside.
   난 엄마가 밖에 있다고 생각했다.

4. **I thought** I was right.
   난 내가 옳다고 생각했다.

5. **I thought** about my grandmother.
   난 우리 할머니에 대해 생각했다.

 테스트

1. 난 미래에 대해서 생각했다. (about the future)

   →

2. 난 저녁에 뭘 먹을까 생각했다. (what to eat for dinner)

   →

I have...

난 ... 있다

have는 '가지다, 있다, 소유하다'라는 뜻으로, 물건을 가지고 있다거나 질병이 있다거나 할 때 사용해요.

1. **I have** fun with her.
   개랑 재미있게 놀았다.

2. **I have** red shoes.
   난 빨간 신발이 있다.

3. **I have** a bunch of flowers.
   난 꽃 한 다발이 있다.

4. **I have** a sandwich for lunch.
   난 점심에 먹을 샌드위치가 있다.

5. **I have** green sunglasses.
   난 녹색 선글라스가 있다.

 테스트

1. 오늘 학교에서 수학 시험이 있다. (a math exam)

   →
   _____

2. 머리 아파. (a headache)

   →
   _____

053

I like...
난 ...를 좋아해

like는 '..를 좋아하다'라는 뜻이에요. 좋아하는 건 뭐든지 표현할 수 있는 가장 쉽고 간단한 패턴이죠.

1. **I like** apples.
   난 사과가 좋아.

2. **I like** my mother.
   난 우리 엄마를 좋아해.

3. **I like** my best friend.
   난 내 친한 친구가 좋아.

4. **I like** sunny days.
   난 햇볕 쨍쨍한 날을 좋아해.

5. **I like** reading books.
   난 책 읽는 걸 좋아해.

 테스트

1. 난 네가 웃는 모습이 좋아. (the way you laugh)

   →

2. 난 친구 집에 가는 걸 좋아해. (going to my friend's house)

   →

054

I like to...
난 ...하는 것을 좋아해

어떤 일을 좋아하는지 또는 어떻게 행동하는 걸 좋아하는지 말하고
싶을 땐 **I like** 패턴에 'to +동사'를 붙여 쓰면 돼요.

1. **I like to** play video games.
   난 비디오 게임 하는 걸 좋아해.

2. **I like to** listen to music.
   난 음악 듣는 게 좋아.

3. **I like to** talk to my friends.
   난 친구랑 이야기하는 걸 좋아해.

4. **I like to** ride my bike.
   난 자전거를 타는 거 좋아해.

5. **I like to** dance.
   난 춤추는 걸 좋아해.

 테스트

1. 난 아이스크림 먹는 걸 좋아해. (eat ice cream)

   →

2. 나는 산책하는 걸 좋아해. (go on walks)

   →

055

I want...
난 ...를 원해요

want는 '원하다'라는 뜻이에요. 갖고 싶은 물건을 이야기할 때나 하고 싶을 일을 이야기할 때 쓸 수 있죠.

1. **I want** flowers for my birthday.
   내 생일 때 꽃을 받고 싶어.

2. **I want** my friend to visit me.
   내 친구가 날 보러 오면 좋겠다.

3. **I want** an apple.
   사과를 먹고 싶어.

4. **I want** the test to be easy.
   시험이 쉬웠으면 좋겠어.

5. **I want** a peaceful world.
   난 평화로운 세상을 원해.

 테스트

1. 그 나무가 꽃이 피면 좋겠어. (the trees to bloom)

   →

2. 비가 멈추면 좋겠다. (the rain to stop)

   →

056

I want to...
난 ...하길 원해요

어떤 일이나 행동을 하고 싶다고 말할 때는 **I want** 뒤에 '**to**+동사원형'을 붙여주면 돼요. 어! 이거 어디서 봤더라? **I like** 패턴! 빙고~~

1. **I want to** live here.
   여기서 살고 싶어.

2. **I want to** sleep.
   자고 싶어

3. **I want to** be a teacher.
   난 선생님이 되고 싶어.

4. **I want to** see a movie.
   난 영화를 보고 싶어.

5. **I want to** be a good friend to you.
   난 너에게 좋은 친구가 되고 싶어.

 테스트

1. 난 새로운 것들을 배우고 싶어. (learn new things)

   →

2. 난 최선을 다하고 싶어. (do my best)

   →

057

I love...
난 ...를 사랑해

love는 '사랑하다' 또는 '아주 좋아하다'라는 뜻이에요. 사랑하는 사람에 대해서 이야기할 때는 물론이고, 엄청 좋아하는 일이나 취미 등을 말할 때 쓸 수 있어요.

1. **I love** you.
   난 널 사랑해.

2. **I love** to cook.
   난 요리하는 걸 아주 좋아해.

3. **I love** to pick flowers.
   난 꽃 따는 걸 엄청 좋아해.

4. **I love** my parents.
   난 우리 부모님을 사랑해.

5. **I love** my pet cat.
   난 내 애완 고양이를 엄청 좋아해.

 테스트

1. 난 햇빛 찬란할 때가 너무 좋아. (when the sun is shining)

   →

2. 난 새들이 노래할 때가 아주 좋아. (when the birds sing)

   →

058

I love -ing ...
난 ...하는 것을 아주 좋아해

좋아하는 일에 대해서 이야기할 땐 'I love + 동사원형-ing' 패턴을 쓸 수 있어요. 물론 I love to... 패턴으로 바꿔 써도 돼죠^^

1. **I love** tak**ing** long walks.
   나는 오래 산책하는 걸 정말 좋아해.

2. **I love** go**ing** to the fruit market.
   나는 과일 시장에 가는 게 너무 좋아.

3. **I love** hear**ing** the birds sing.
   나는 새가 노래하는 걸 듣는 게 참 좋아.

4. **I love** do**ing** a puzzle.
   나는 퍼즐 맞추는 걸 넘넘 좋아해.

5. **I love** danc**ing** with you.
   나는 너랑 춤추는 걸 엄청 좋아해.

 테스트

1. 난 집 주위를 뛰는 게 너무 좋아. (running around my house)

→ _____

2. 나는 여기서 사는 게 정말 좋아. (living here)

→ _____

I take...
나는 ...을 갖는다

take도 get처럼 아주 다양한 방식으로 사용되고, 여러 가지 의미로 해석되는 아주 중요한 단어예요. 기본 뜻은 '가지다, 타다'지만, '약을 먹다, 차를 잡다' 등 아주 다양한 의미로 쓰인답니다.

1. **I take** vitamins everyday.
   난 비타민을 매일 먹는다.

2. **I take** exercise every morning.
   난 매일 아침 운동한다.

3. **I take** the dog for a walk.
   난 개를 산책시킨다.

4. **I take** the bus to school.
   난 학교에 버스 타고 다닌다.

5. **I take** difficult classes at school.
   난 학교에서 어려운 수업을 듣는다.

 테스트

1. 난 그릇에서 오렌지를 가져온다. (an orange from the bowl)
   →

2. 난 낮잠을 잔다. (a nap)
   →

72

060

I hate...
나는 ...가 너무 싫다

hate는 '미워하다, 몹시 싫어하다'라는 뜻이에요. **I don't like** 정도가 아니라 너무 싫어서 질색이라는 뜻이니까 이 단어를 쓸 땐 아주 조심해야 해요.

1. **I hate** when people are grumpy.
   난 사람들이 성질 낼 때가 너무 싫다.

2. **I hate** to see someone who is sad.
   난 다른 사람이 슬퍼하는 걸 보는 게 참 싫다.

3. **I hate** war.
   난 전쟁이 정말 싫다.

4. **I hate** stinky cheese.
   난 구린내 나는 치즈는 질색이다.

5. **I hate** cold weather.
   난 추운 날씨가 너무 싫다.

 테스트

1. 난 비 올 때가 너무 싫다. (when it rains)

   →

2. 난 벌레한테 물리는 게 정말 싫다. (bug bites)

   →

061

I have a lot of...
난 ...가 많이 있다

I have a lot of...는 '~을 많이 가지고 있다'라는 뜻이에요. **a lot of**
는 셀 수 있는 명사든 셀 수 없는 명사든 상관없이 쓸 수 있어요.

1. **I have a lot of** friends.
   난 친구가 많다.

2. **I have a lot of** books.
   난 책을 많이 갖고 있다.

3. **I have a lot of** patience.
   난 인내심이 많다.

4. **I have a lot of** dreams.
   난 꿈이 많다.

5. **I have a lot of** ideas.
   난 아이디어가 많다.

 테스트

1. 난 사촌들이 많다. (cousins)

   →

2. 난 신발을 많이 갖고 있다. (shoes)

   →

062

I had such a ...
난 이렇게 ...를 가졌다

 such a...는 '이러한, 이렇게'라는 뜻이에요. 어떤 사실을 특별히 강조하고 싶을 때 쓸 수 있는 표현이죠. 뭔가 자랑거리가 생겼을 때 이런 표현 쓰면 완전 있어 보이겠죠?

1. **I had such a** wonderful time.
   난 이렇게나 멋진 시간을 보냈어.

2. **I had such a** great idea.
   난 이렇게 대단한 생각을 갖고 있었어.

3. **I had such a** long journey.
   난 이렇게 긴 여행을 했다.

4. **I had such a** bad cold.
   난 이렇게나 지독한 감기에 걸렸었다.

5. **I had such a** fun vacation.
   난 이렇게나 재미있는 방학을 보냈다.

 테스트

1. 난 이렇게나 큰 문제가 있었다. (big problem)

   →

2. 난 이렇게나 좋은 친구가 있었다. (good friend)

   →

063

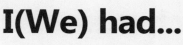

I(We) had...
난(우리) ...가 있었다

had는 **have**의 과거형이에요. 지금은 갖고 있지 않지만 전에 가지고 있었던 것에 대해 말할 때 주로 써요.

1. **We had** a cat.

   우리는 고양이를 키웠었다.

2. **We had** a brown suitcase.

   우리는 갈색 옷가방을 갖고 있었다.

3. **I had** a pretty teddy bear.

   난 예쁜 곰인형이 있었다.

4. **I had** a black tomato.

   난 검은 토마토가 있었다.

5. **We had** a party.

   우리는 파티를 했었다.

 테스트

1. 우리는 장난감이 많이 있었다. (a lot of toys)

   →

   _____

2. 난 너에 대한 꿈을 꾸었다. (a dream about you)

   →

   _____

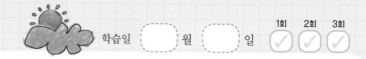

I put...
나는 ... 두었다

 put은 '두다, 내려놓다'라는 뜻이에요. 특히 **put on**(입다), **put away**(정리하다) 등 숙어로 아주 많이 쓰인답니다.

1. **I put** on my shoes.
   나는 신발을 신었다.

2. **I put** a pencil on the notebook.
   나는 연필을 공책 위에 놓았다.

3. **I put** the eraser in the pencil case.
   나는 지우개를 필통 속에 넣었다.

4. **I put** a sweater on.
   나는 스웨터를 입었다.

5. **I put** money in my wallet.
   나는 지갑에 돈을 넣었다.

 테스트

1. 나는 머리에 모자를 썼다. (a hat on my head)
→

2. 나는 책가방을 의자 위에 올려놓았다. (bookbag on the chair)
→

065

I would like (to)...
난 ...를 하고 싶어요

would like to...는 '...하고 싶다'라는 뜻이에요. **I want to~** 보다
공손하고 좀 더 예의바른 표현이에요. **to** 다음에 동사를 넣어주거나
to 없이 명사가 바로 나와도 됩니다.

1. **I would like to** dance with you.
   난 너와 춤을 추고 싶어.

2. **I would like to** talk to her.
   그녀와 이야기하고 싶다.

3. **I would like to** go to sleep.
   난 잠자러 가고 싶어.

4. **I would like** some cookies.
   쿠키 먹고 싶어.

5. **I would like to** play outside.
   난 밖에서 놀고 싶어.

 테스트

1. 난 사탕을 조금 먹고 싶어. (eat some candy)

   →

2. 난 나무에 올라가고 싶어. (climb a tree)

   →

78

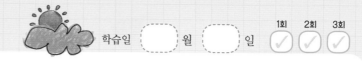

066

I do a lot of...
나는 ...를 많이 해요

 do는 '하다'라는 뜻이지만 여기서는 뒤에 나오는 내용을 강조하는 의미예요. **I love you.**(사랑해)에 **do**를 붙여 **I do love you.**라고 하면 '정말로, 너무너무 사랑해'가 되는 식이죠.

1. **I do a lot of** exercising.
   나는 운동을 정말 많이 한다.

2. **I do a lot of** reading.
   나는 독서를 정말 많이 해.

3. **I do a lot of** studying.
   나는 공부를 정말 많이 해.

4. **I do a lot of** thinking.
   나는 생각을 정말 많이 해.

5. **I do a lot of** cleaning.
   나는 청소를 정말 많이 해.

 테스트

1. 나는 잠을 정말 많이 자. (sleeping)

   ➡ _____

2. 나는 아주 많이 먹는다. (eating)

   ➡ _____

067

I go to...
나는 ...에 가요

go to는 '...에 가다'라는 뜻이에요. 학교에 가든, 놀러 가든, 마트에 가든, 어떤 장소로 간다고 말할 때는 절대로 빠질 수 없는 표현이죠.

1. **I go to** school every day.
   나는 매일 학교에 간다.

2. **I go to** church on Sundays.
   나는 일요일마다 교회에 간다.

3. **I go to** bed at nine o'clock.
   나는 9시에 잠자러 간다.

4. **I go to** my grandmother's house tomorrow.
   나는 내일 할머니 댁에 간다.

5. **I go to** the library to study.
   나는 공부하러 도서관에 간다.

 테스트

1. 나는 여름 동안 바닷가에 간다. (the beach during the summer)

   →

2. 나는 식료품점에 간다. (the grocery store)

   →

He(She) doesn't like to...
그(그녀)는 ...하는 것을 좋아하지 않는다

주어가 She(그녀)나 He(그)인 경우 do 동사는 does로 모양이 바뀝니다. 그리고 does not은 줄여서 doesn't라고 쓴답니다.

1. **He doesn't like to** wash his face.
   그는 세수하는 걸 좋아하지 않는다.

2. **He doesn't like to** take out the trash.
   그는 쓰레기 버리는 걸 좋아하지 않는다.

3. **She doesn't like to** mow the lawn.
   그녀는 잔디 깎는 것을 좋아하지 않는다.

4. **She doesn't like to** watch television.
   그녀는 텔레비전 보는 것을 좋아하지 않는다.

5. **She doesn't like to** watch scary movies.
   그녀는 무서운 영화를 보는 것을 좋아하지 않는다.

 테스트

1. 그는 쇼핑가는 것을 좋아하지 않는다. (go shopping)

   →

2. 그는 신발 신는 것을 좋아하지 않는다. (wear shoes)

   →

81

069

She said we can...
그녀는 우리가 ...할 수 있다고 말했다

said는 say(말하다)의 과거형이에요. **I said, She said, He said, They said** 등으로 전에 누군가 했던 말을 다른 사람에게 전할 때 쓰는 표현이죠.

1. **She said we can** bake brownies.
   그녀는 우리가 브라우니를 구울 수 있다고 말했다.

2. **She said we can** play baseball.
   그녀는 우리가 야구를 해도 된다고 말했다.

3. **She said we can** have a party.
   그녀는 우리가 파티를 해도 된다고 했다.

4. **She said we can** run in the backyard.
   그녀는 우리가 뒷마당에서 뛰어다녀도 된다고 했다.

5. **She said we can** take some candy.
   그녀는 우리가 사탕을 가져가도 된다고 했다.

 테스트

1. 그녀는 우리가 자전거를 타도 된다고 했다. (ride our bikes)

→ _____

2. 그녀는 우리가 가도 된다고 했다. (go)

→ _____

070 She told me...
그녀는 나에게 ...라고 했다

told는 tell(말하다)의 과거형이에요. say와 의미는 똑같지만 특정 상대에게 어떤 내용을 '전달하다, 알리다, 가르치다'라는 뉘앙스가 있어요.

1. **She told me** to study hard.
그녀는 나에게 공부를 열심히 하라고 말했다.

2. **She told me** that I am pretty.
그녀는 나에게 예쁘다고 말했다.

3. **She told me** that she is leaving.
그녀는 나에게 떠날 거라고 말했다.

4. **She told me** she wants to swim.
그녀는 나에게 수영하고 싶다고 말했다.

5. **She told me** that he was late.
그녀는 그가 늦었다고 나에게 말했다.

 테스트

1. 그녀는 나에게 미리 계획을 짜라고 했다. (to plan ahead)
→

2. 그녀는 나에게 침대를 정리하라고 했다. (make my bed)
→

071

I said to...
나는 ...하라고 말했다

자신이 했던 말을 다시 말하거나 다른 사람에게 전할 때는 **I said...** 패턴을 써요. **say**는 **tell**과 달리 말하는 대상이 없어도 돼요.

1. **I said to** come inside.
나는 안으로 들어오라고 말했다.

2. **I said to** get in the car.
나는 차에 타라고 말했다.

3. **I said to** sing a song.
나는 노래를 부르라고 말했다.

4. **I said to** sweep the floor.
나는 바닥을 쓸라고 말했다.

5. **I said to** eat your vegetables.
나는 네 채소를 먹으라고 말했다.

테스트

1. 나는 창문을 닦으라고 말했다. (wash the windows)

→ _____

2. 나는 나가서 놀라고 말했다. (play outside)

→ _____

학습일 월 일 1회 2회 3회

072

I told her about...

나는 그녀에게 ...에 대해서 말했다

tell은 '말하다'라는 뜻이고 과거형은 **told**입니다. **about**은 '...에 관해서'라는 뜻이니까 앞서 이야기했던 주제에 관해서 말할 때 쓸 수 있어요.

1. **I told her about** the weather report.
   나는 그녀에게 일기예보에 대해서 얘기했다.

2. **I told her about** the event.
   나는 그녀에게 그 사건에 대해 말했다.

3. **I told her about** the secret.
   나는 그녀에게 비밀을 얘기했다.

4. **I told her about** the news story.
   나는 그녀에게 뉴스 이야기를 했다.

5. **I told her about** my friend.
   나는 그녀에게 내 친구에 대해 말했다.

테스트

1. 나는 그녀에게 그 영화에 대해 말했다. (the movie)

➜

2. 나는 그녀에게 우리 마을에 대해서 말했다. (my town)

➜

073

I asked her...
나는 그녀에게 ...를 물었다

다른 사람에게 허락을 구하거나 질문할 땐 <**ask** + 물어볼 사람 + 물어볼 내용> 순으로 문장을 만들면 돼요. **ask**는 '요청하다, 묻다'라는 뜻이에요.

1. **I asked her** if she wanted a drink of water.
   나는 그녀에게 물을 마시고 싶은지 물었다.

2. **I asked her** what she wanted to do.
   나는 그녀에게 무엇을 하고 싶은지 물었다.

3. **I asked her** if she wanted the purple candy.
   나는 그녀에게 보라색 캔디를 먹고 싶은지 물었다.

4. **I asked her** why she was sad.
   나는 그녀에게 왜 슬픈지 물었다.

5. **I asked her** what was so funny.
   나는 그녀에게 뭐가 그렇게 재미있냐고 물었다.

테스트

1. 나는 그녀에게 춤추는 걸 좋아하는지 물었다. (if she liked to dance)

   →

2. 나는 그녀에게 왜 화가 났냐고 물었다. (why she was angry)

   →

 074

My mom says...
엄마는 ...라고 말하신다

 엄마가 했던 말을 옮겨 적을 땐 **says** 다음에 말씀하신 내용을 그대로 옮기면 되죠. 과거형 **said**를 쓰면 '~라고 말하셨다'가 되는데, 현재형 **say**를 쓰면 평소에 늘 그렇게 말하신다는 뉘앙스가 있어요.

1. **My mom says** I am beautiful.
   엄마는 내가 예쁘다고 말하신다.

2. **My mom says** I should read books.
   엄마는 책을 읽으라고 말하신다.

3. **My mom says** that I should comb my hair.
   엄마는 내가 머리를 빗어야 한다고 말하신다.

4. **My mom says** that she likes to write letters.
   엄마는 편지 쓰는 걸 좋아한다고 말하신다.

5. **My mom says** she loves me.
   엄마는 날 사랑한다고 말하신다.

 테스트

1. 엄마가 차를 마시고 싶다고 하신다. (she wants to drink tea)

   →

2. 엄마는 눈을 좋아한다고 말하신다. (she likes the snow)

   →

It's all because...

그건 다 ...때문이다

because는 '...때문에'라는 뜻의 접속사예요. 어떤 일의 이유를 말하거나 핑계를 대야 할 때 쓸 수 있는 표현이에요.

1. **It's all because** it's nice outside.
   그건 다 바깥 날씨가 좋기 때문이다.

2. **It's all because** he is tall.
   그건 다 그의 키가 크기 때문이다.

3. **It's all because** I like horses.
   그건 다 내가 말을 좋아하기 때문이다.

4. **It's all because** she didn't obey.
   그건 다 그녀가 말을 듣지 않았기 때문이다.

5. **It's all because** of her.
   그건 다 그녀 때문이다.

 테스트

1. 그건 다 내가 가고 싶기 때문이다. (I want to go)

   →

2. 그건 다 내가 상을 탔기 때문이다. (I won the prize)

   →

88

076

All of my friends...
내 친구들은 모두...

All of...는 '... 모두'라는 뜻이에요. 친구들 여럿이 한꺼번에 움직이
거나 같은 행동을 할 때, 친구들의 공통점을 말할 때 쓰면 좋아요.

1. **All of my friends** are nice.
   내 친구들은 모두 착하다.

2. **All of my friends** are smart.
   내 친구들은 모두 똑똑해.

3. **All of my friends** like apples.
   내 친구들은 모두 사과를 좋아해.

4. **All of my friends** wear purple.
   내 친구들은 모두 보라색 옷을 입었다.

5. **All of my friends** like me.
   내 친구들은 모두 나를 좋아해.

테스트

1. 내 친구들이 모두 놀이터에 간다. (go to the playground)

   →

---

2. 내 친구들은 모두 재미있다. (funny)

   →

077

No more will...
더 이상 ...하지 않을 거야

안 좋은 일을 하고 나서 다시는 그러지 않겠다고 후회한 적 있죠? **No more...**은 '더 이상 ...아니다'라는 뜻으로 다음에는 그런 일이 더 이상 없을 거라고 말할 때도 씁니다.

1. **No more will** I run in the house.
   더 이상 난 집 안에서 뛰어다니지 않을 거야.

2. **No more will** I eat green tomatoes.
   더 이상 나는 덜 익은 토마토를 먹지 않을 거야.

3. **No more will** I be mean to you.
   더 이상 나는 너에게 못되게 굴지 않을 거야.

4. **No more will** I play with that toy.
   더 이상 나는 그 장난감을 가지고 놀지 않을 거야.

5. **No more will** she steal his pencil.
   더 이상 그녀는 그의 연필을 훔치지 않을 거야.

 테스트

1. 더 이상 그는 접시를 깨지 않을 거야. (break dishes)

   →

2. 더 이상 그녀는 공부하는 걸 잊지 않을 거야. (forget to study)

   →

078

After that I(We)...
그 다음에 나는(우린)...

연달아 일어난 어떤 일을 순서대로 이야기할 때 '그 다음에, 그리고 나서'라고 말하는 거예요. 지난 일을 차근차근 되짚어 볼 때 좋아요.

1. **After that I** went home.
   그 다음에 나는 집에 갔다.

2. **After that I** celebrated.
   그 다음에 나는 축하를 해 줬다.

3. **After that we** went skating.
   그 다음에 우리는 스케이트를 타러 갔다.

4. **After that we** played.
   그 다음에 우리는 놀았다.

5. **After that I** read a magazine.
   그 다음에 나는 잡지를 읽었다.

 테스트

1. 그 다음에 우리는 나무를 심었다. (we planted a tree)

   →

2. 그 다음에 우리는 모래성을 만들었다. (a sandcastle)

   →

079

Then we...
그리고 나서 우리는...

앞에서 배운 **After that**처럼 '그 다음에, 그러고 나서'라고 말하는 거예요. 일기를 쓸 땐 그날 일어난 일을 되짚어보게 되니까 자주 쓰게 되는 표현이에요.

1. **Then we** went for a swim.
   그러고 나서 우리는 수영하러 갔다.

2. **Then we** took baths.
   그러고 나서 우리는 목욕을 했다.

3. **Then we** put our shoes on.
   그러고 나서 우리는 신발을 신었다.

4. **Then we** sang and danced.
   그러고 나서 우리는 노래하고 춤을 췄다.

5. **Then we** ate ice cream.
   그러고 나서 우리는 아이스크림을 먹었다.

 테스트

1. 그러고 나서 우리는 친구들과 이야기를 했다. (talked to our friends)

   →

2. 그러고 나서 우리는 그림을 그렸다. (drew pictures)

   →

Then it was time to...

그리고 나서 ...할 시간이었다

time to는 '...할 시간'이라는 뜻이에요. 학교 갈 시간, 학원 갈 시간, 쉬는 시간 등 정해진 일과에 따라 움직였던 일을 쓸 때 딱 필요한 패턴이죠.

1. **Then it was time to** paint pictures.
   그러고 나서 그림을 색칠할 시간이었다.

2. **Then it was time to** water the plants.
   그러고 나서 화분에 물을 줄 시간이었다.

3. **Then it was time to** feed the dog.
   그리고 강아지에게 밥을 줄 시간이었다.

4. **Then it was time to** go to sleep.
   그러고 나서 잠을 자러 갈 시간이었다.

5. **Then it was time to** write a letter.
   그러고 나서 편지를 쓸 시간이었다.

 테스트

1. 그러고 나서 우리 머리를 감을 시간이었다. (wash our hair)
   →

2. 그리고 어린이 신문을 읽을 시간이었다. (children's newspaper)
   →

081

Nothing...
아무것도... 아니다

Nothing은 not anything과 같은 뜻으로 '아무것도... 아니다'라는 뜻이에요. nothing은 보통 문장 속에 넣어서 쓰는데, '아무것도 ~아니다'를 특히 강조하고 싶을 땐 이렇게 맨 앞에 써요.

1. **Nothing** was in the box.
   박스에는 아무것도 없었다.

2. **Nothing** is in the bag.
   가방에는 아무것도 없었다.

3. **Nothing** is on his plate.
   그의 접시에는 아무것도 없었다.

4. **Nothing** else is needed.
   다른 건 아무것도 필요없었다.

5. **Nothing** was wrong with my brother.
   아무것도 내 남동생이 잘못한 건 없었다.

 테스트

1. 밖에선 아무 일도 일어나지 않았다. (happen, outside.)

   →

2. 아무것도 잘 되지 않는다. (is going well)

   →

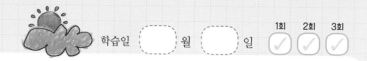

082

I promised never...
난 절대 ... 않겠다고 약속했다

 promise는 '약속하다'라는 뜻이고 never는 '절대 ... 않다'라는 뜻이에요. 뭔가 잘못했을 때 앞으로는 절대 그러지 않겠다고 약속했다는 표현이죠.

1. **I promised never** to tell a lie.
   난 절대 거짓말하지 않겠다고 약속했다.

2. **I promised never** to throw my food.
   난 절대 음식을 던지지 않겠다고 약속했다.

3. **I promised never** to hit my brother.
   난 절대 내 동생을 때리지 않겠다고 약속했다.

4. **I promised never** to misbehave.
   난 절대 나쁜 짓을 하지 않겠다고 약속했다.

5. **I promised never** to say that again.
   난 다시는 그런 말을 하지 않겠다고 약속했다.

 테스트

1. 난 절대 소리 지르지 않겠다고 약속했다. (to yell)

→

2. 난 절대 싸우지 않겠다고 약속했다. (to fight)

→

I felt something...
난 무언가 ...하는 기분이 들었다

felt는 **feel**의 과거형이에요. 감정이나 감각 등을 '느끼다, ~하는 기분이 들다'는 뜻이죠. 벌레가 다리를 기어 다니는 느낌이 들거나, 누가 쳐다보는 기분이 들 때 쓸 수 있는 표현이에요.

1. **I felt something** brush my leg.
   뭔가 내 다리를 쓸어내리는 기분이 들었다.

2. **I felt something** crawl on my arm.
   무언가 내 팔을 기어오르는 느낌이었다.

3. **I felt something** touch my face.
   무언가가 내 얼굴을 건드리는 기분이 들었다.

4. **I felt something** tickle me.
   무언가 날 간지르는 기분이 들었다.

5. **I felt something** bite my toe.
   무언가 내 발가락을 깨무는 느낌이었다.

 테스트

1. 무언가 내 머리카락을 잡아당기는 느낌이었다. (pull my hair)

   →

2. 무언가 나와 부딪히는 기분이 들었다. (bump me)

   →

084

It makes me...

그것 때문에 내가 ...해

 make는 대표적인 사역동사예요. 사역동사? 누군가에게 무엇을 하게 하는 동사라는 뜻이죠. 그래서 **make me**...는 '나를 ...하게 만들다, ~때문에 내가 ...하다'가 되는 거랍니다.

1. **It makes me** happy.
그것 때문에 난 행복해.

2. **It makes me** want to sing.
그건 날 노래 부르고 싶게 해.

3. **It makes me** want to rest.
그것 때문에 난 쉬고 싶어져.

4. **It makes me** want to scream.
그건 날 소리 지르고 싶게 만들어.

5. **It makes me** sad.
그것 때문에 슬퍼져.

 테스트

1. 그것 때문에 화가 난다. (feel angry)

→ _____

2. 그것 때문에 피곤해. (tired)

→ _____

085

What a great...!
정말 멋진...!

멋진 경치를 봤거나, 아주 특이한 친구를 만났다거나, 왠지 평범하게 말하면 안 될 것 같고 뭔가 강조하고 싶을 때 필요한 건 뭐? 바로 감탄문이죠! 모든 말을 감탄문으로 바꿔주는 패턴입니다^^

1. **What a great** day!
정말 멋진 날이야!

2. **What a great** idea!
정말 굉장한 아이디어야!

3. **What a great** game!
완전 대박 게임이야!

4. **What a great** book!
정말 대단한 책이야!

5. **What a great** flower!
정말 엄청난 꽃이야!

 테스트

1. 정말 멋진 사람이야! (person)

→ _____

2. 정말 대단한 일이야! (thing to do)

→ _____

086

What a terrible...!
정말 끔찍한...!

멋지고 근사한 일에는 **great**를 쓰면 되지만 깜짝 놀랐을 때나, 정말 무서운 일이 일어났을 땐 어쩌죠? **great** 대신 **terrible**를 쓰면 돼요. 간단하죠?

1. **What a terrible** accident!
   정말 끔찍한 사고야!

2. **What a terrible** thing to say!
   정말 말하기도 끔찍한 일이다!

3. **What a terrible** thing to do!
   너무 끔찍한 일이야!

4. **What a terrible** boy!
   정말 끔찍한 아이야!

5. **What a terrible** movie!
   정말 끔찍한 영화야!

 테스트

1. 정말 끔찍한 행동방식이다! (way to act)
   ➡ _____

2. 정말 끔찍한 시험점수야! (test score)
   ➡ _____

I can't wait...
빨리 ...하고 싶어

생일이나 크리스마스, 소풍가는 날을 마음 설레며 기다릴 때 쓸 수 있는 표현이에요. **I can't wait**...는 '기다릴 수 없다'는 뜻이에요. 결국 '빨리 ...하고 싶다'라는 거죠.

1. **I can't wait** to grow up.
   빨리 다 컸으면 좋겠다.

2. **I can't wait** to be a teacher.
   빨리 선생님이 되고 싶어.

3. **I can't wait** to begin the game.
   빨리 게임을 시작하고 싶어.

4. **I can't wait** to play in the rain.
   빨리 빗속에서 놀고 싶어.

5. **I can't wait** to pick the vegetables.
   빨리 채소를 따고 싶어.

 테스트

1. 빨리 그림을 그리고 싶어. (draw a picture)
→

2. 빨리 더 크고 싶어. (grow taller)
→

I can't stop...

...하는 걸 멈출 수가 없어

I can't stop....은 '난 나름대로 막아보려고 노력했는데 어쩔 수가 없었다'라는 느낌이 강한 표현이에요. 내 책임이 아니라는 걸 말하고 싶을 때 쓰면 좋아요.

1. **I can't stop** it from happening.
   난 그 일이 일어나는 걸 막을 수가 없다.

2. **I can't stop** her from coming over.
   난 그녀가 오는 것을 막을 수가 없어.

3. **I can't stop** him from doing it.
   난 그가 그 일을 하는 것을 막을 수가 없다.

4. **I can't stop** thinking about it.
   난 그것에 대해 생각을 멈출 수 없다.

5. **I can't stop** a moving car.
   움직이는 차를 멈출 수가 없다.

 테스트

1. 이런 식으로 생각하는 걸 멈출 수가 없다. (feeling this way)

   ➔ _____

2. 여동생이 고함치는 걸 막을 수가 없다. (my sister from yelling)

   ➔ _____

I am going to...

난 ...할 거야

'...할 거야'라고 말할 때 가장 많이 쓰는 표현은 **will**과 **be going to**예요. 우리말로는 똑같지만 **will**은 즉흥적인 느낌이 강하고 **be going to**는 계획적인 느낌이 강하다는 등의 차이가 있어요.

1. **I am going to** surprise my friends.
   친구들을 깜짝 놀라게 할 거야.

2. **I am going to** bake a cake.
   난 케이크를 구울 거야.

3. **I am going to** eat a cookie.
   난 쿠키를 먹을 거야.

4. **I am going to** slice the apple.
   난 사과를 자를 거야.

5. **I am going to** bed.
   자러 갈 거야.

 테스트

1. 난 너랑 놀 거야. (play with)

→ _____

2. 난 연을 날릴 거야. (fly a kite)

→ _____

090

I will make you...
내가 널 ...하게 할 거야

앞에서 **make**가 사역동사라는 것은 배웠죠? **make**의 기본 뜻은 물건 같은 것을 '만들다'이지만, 다른 사람에게 어떤 행동을 하도록 '~해 주다, ~시키다'라는 뜻도 있어요

1. **I will make you** jump.
내가 널 점프하게 할 거야.

2. **I will make you** want to cry.
내가 널 울고 싶게 만들 거야.

3. **I will make you** laugh.
내가 널 웃게 할 거야.

4. **I will make you** happy.
내가 널 행복하게 해 줄 거야.

5. **I will make you** regret it if you lie again.
또 거짓말하면 가만 두지 않을 거야.

 테스트

1. 내가 널 배고프게 만들 거야. (hungry)

→ _____

2. 내가 널 목마르게 만들 거야. (thirsty)

→ _____

091

I will...
난 ...할 거야

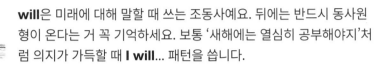

will은 미래에 대해 말할 때 쓰는 조동사예요. 뒤에는 반드시 동사원형이 온다는 거 꼭 기억하세요. 보통 '새해에는 열심히 공부해야지'처럼 의지가 가득할 때 **I will...** 패턴을 씁니다.

1. **I will** be your friend.
   난 네 친구가 될 거야.

2. **I will** scrub the dish.
   난 접시를 닦을 거야.

3. **I will** write my name.
   난 내 이름을 적을 거야.

4. **I will** play the piano.
   난 피아노를 연주할 거야.

5. **I will** plant a tree.
   난 나무를 심을 거야.

 테스트

1. 난 연을 날릴 거야. (fly a kite)

   →

2. 난 파티를 열 거야. (throw a party)

   →

092

I'll be able to...
난 ...할 수 있을 거야

be able to...는 '~할 수 있다'는 뜻이에요. 앗! 딱 떠오르는 단어 있
죠? **can**! 그런데 **will**과 **can**은 둘 다 조동사라 나란히 쓸 수가 없어
요. 그래서 **can** 대신 **be able to**를 쓰는 거예요.

1. **I'll be able to** be there by noon.
   낮 12시까지는 도착할 수 있을 거야.

2. **I'll be able to** do more fun things this summer.
   이번 여름에는 더 재미난 일들을 할 수 있을 거야.

3. **I'll be able to** stay up late.
   난 늦게까지 깨어 있을 수 있을 거야.

4. **I'll be able to** tie my shoes.
   난 내 신발을 묶을 수 있을 거야.

5. **I'll be able to** do what I want to.
   난 내가 하고 싶은 일을 할 수 있을 거야.

 테스트

1. 난 그걸 얻을 수 있을 거야. (get it)

   →

2. 난 쉴 수 있을 거야. (rest)

   →

093

I will never...

나는 절대 ...하지 않을 거야

never는 '절대 ...하지 않는다'라는 뜻이에요. never 대신에 not을 써도 좋지만, never가 훨씬 더 강한 표현입니다.

1. **I will never** be mean.
   나는 절대로 못되게 굴지 않을 거야.

2. **I will never** eat that.
   나는 절대로 저건 먹지 않을 거야.

3. **I will never** do that.
   나는 절대로 저건 하지 않을 거야.

4. **I will never** forget his name.
   나는 절대로 그의 이름을 잊지 않을 거야.

5. **I will never** be rude.
   나는 절대로 무례하게 굴지 않을 거야.

 테스트

1. 나는 절대로 저걸 사고 싶어 하지 않을 거야. (want to buy that)

   →

2. 나는 절대로 연을 놓치지 않을 거야. (let go on the kite)

   →

094

I will have to...
나는 ...해야 할 거야

미래를 나타내는 **will**과 '...해야 한다'는 뜻을 가진 **have to**가 함께 쓰인 패턴이에요. 앞으로 '...해야만 할 거다, ...하지 않으면 안 될 거다'라는 의미로 씁니다.

1. **I will have to** learn the rules.
   나는 그 규칙을 배워야 할 거야.

2. **I will have to** go there.
   나는 거기에 가야 할 거야.

3. **I will have to** walk.
   나는 걸어야 할 거야.

4. **I will have to** pretend.
   나는 연기를 해야 할 거야.

5. **I will have to** think of a new idea.
   나는 새로운 아이디어를 생각해야 할 거야.

테스트

1. 나는 그것을 집어야 할 거야. (pick it up)

   →

2. 나는 그것을 고쳐야 할 거야. (fix it)

   →

095

I think I will...

나 ...해야겠다

'나는 내가 ~할 거라고 생각해'라는 뜻이지만 우리말로는 너무 어색하죠? 그래서 '내가 ~해야겠다, 내가 ~할게'라고 해석해요.

1. **I think I will** clean my bedroom.
   내 방은 내가 청소할게.

2. **I think I will** mop the floor.
   내가 바닥을 닦을게.

3. **I think I will** hold your hand.
   내가 네 손을 잡아줄게.

4. **I think I will** brush my hair.
   나 머리 빗어야겠어.

5. **I think I will** play music.
   나 음악을 연주해야겠어.

 테스트

1. 내가 편지 쓸게. (write a letter)

→ _____

2. 내가 그녀에게 말할게. (tell her)

→ _____

096

I know I can...
내가 ...할 수 있는 걸 알아

자신의 능력에 대해 확신할 때 자신감을 나타낼 수 있는 표현이에요.
겸손한 것도 좋지만 적극적으로 나서야 할 때도 있는 법이죠.

1. **I know I can** do it.
내가 그걸 할 수 있다는 걸 알아.

2. **I know I can** win it.
내가 이길 수 있다는 걸 알아.

3. **I know I can** climb the tree.
내가 나무를 오를 수 있다는 걸 알아.

4. **I know I can** jump that high.
내가 그렇게 높이 뛸 수 있다는 걸 알아.

5. **I know I can** walk there.
내가 그곳을 걸을 수 있다는 걸 알아.

 테스트

1. 내가 시작할 수 있다는 걸 알아. (begin)

→ _____

2. 내가 그림을 그릴 수 있다는 걸 알아. (draw a picture)

→ _____

097

It tasted...
그것은 ... 맛이 있었다

taste는 '~맛이 나다, 맛이 ~하다'라는 뜻으로 형용사와 함께 써서 맛에 대한 다양한 느낌을 나타냅니다.

1. **It tasted** sweet.
   그것은 달콤했다.

2. **It tasted** good.
   그것은 맛이 좋았다.

3. **It tasted** bad.
   그것은 형편없는 맛이었다.

4. **It tasted** too sour.
   그것은 너무 시었다.

5. **It tasted** like cherries.
   그것은 체리 같은 맛이 났다.

 테스트

1. 맛이 이상했다. (strange)

→ _____

2. 다른 것과 비슷한 맛이 났다. (like the other one)

→ _____

It sounded...
그것은 ...처럼 들렸다

sound는 '...처럼 들리다'라는 뜻이에요. 어떤 소리가 귀에 들리는 경우는 물론이고, 누군가의 얘기를 듣고 솔깃했다거나 이상하게 들렸다는 등의 느낌도 표현할 수 있는 패턴이에요.

1. **It sounded** beautiful.
   그것은 아름답게 들렸다.

2. **It sounded** awful.
   그것은 끔찍하게 들렸다.

3. **It sounded** strange.
   그것은 이상하게 들렸다.

4. **It sounded** like the other song.
   그것은 다른 노래처럼 들렸다.

5. **It sounded** different.
   그것은 다르게 들렸다.

 테스트

1. 그것은 최고로 들렸다. (the best)
   →

2. 그것은 최악으로 들렸다. (the worst)
   →

I won't be...
나는 ...하지 않을 거야

won't는 will not의 줄임말이에요. will이 미래의 일에 대해 '~하겠다'고 강한 의지로 결심을 할 때 쓰는 거니까 그럼 won't는 반대로 '~하지 않겠다'고 강하게 결심하거나 확신하는 거겠죠?

1. **I won't be** at the party.
   나는 파티에 가지 않을 거야.

2. **I won't be** at the house.
   나는 집에 있지 않을 거야.

3. **I won't be** able to run that far.
   나는 그렇게 멀리 달리지 못할 거야.

4. **I won't be** able to go.
   나는 갈 수 없을 거야.

5. **I won't be** there when you are.
   나는 네가 왔을 때 거기 없을 거야.

 테스트

1. 나는 가장 키가 큰 아이는 되지 못할 거야. (the tallest kid)

   →

2. 나는 그보다 웃기지 않을 거야. (funnier than him)

   →

100

It looked...
...처럼 보였어

 It looked...는 '...처럼 보였다'는 뜻이에요. 실제로 그렇든 아니든 내 눈에는 그렇게 보인다는 느낌이 있어요.

1. **It looked** easy.
   그것은 쉬워 보였다.

2. **It looked** red.
   그것은 빨간색으로 보였다.

3. **It looked** like a snake.
   그것은 뱀처럼 보였다.

4. **It looked** blue.
   그것은 하늘색으로 보였다.

5. **It looked** tasty.
   그것은 맛있어 보였다.

 테스트

1. 그것은 예뻐 보였다. (pretty)

   →

2. 그것은 끔찍하게 보였다. (awful)

   →

초등영어일기
패턴 100
테스트
답지

001
1. I am a good listener.
2. I am good at fishing.

002
1. I am so excited.
2. I am so grown up.

003
1. She is going with her mom.
2. He is running.

004
1. We all played with blocks.
2. We all ran in gym.

005
1. I wanted the rain to stop.
2. I wanted the sun to come out.

006
1. I wanted to keep the stray cat.
2. I wanted to go to my friend's house.

007
1. I also had brown shoes.
2. I also had curly hair.

008
1. I also want flowers.
2. I also want a purple jump rope.

009
1. I went to sleep.
2. We went to the lake.

010
1. She wants to play Scrabble.
2. He wants to take a nap.

011
1. I never want to get rid of my dog.
2. I never want to eat green beans.

012
1. It was a tasty dinner.
2. It was just like the other one.

013

1. It was very dark in the room.
2. It was so loud.

014

1. It is a big glass of water.
2. It is hard to wait this long.

015

1. It's time to go to grandma's house.
2. It's time to go to school.

016

1. It was time to clean the house.
2. It was time to go to art class.

017

1. She was a mean person.
2. She was the best runner in the race.

018

1. It was my pencil.
2. It was my idea.

019

1. It was fun to run.
2. It was fun to swing at the playground.

020

1. I was very scared in the dark.
2. I was very interesting and funny.

021

1. I was worried I would not know the answer.
2. I was worried you could not come over.

022

1. I was so excited to get a birthday gift.
2. I was so excited to win a prize.

023

1. I wasn't there when it happened.
2. I wasn't happy about losing the game.

024

1. They were eating ice cream.
2. They were watching television.

025

1. Today was the best day of my life!
2. Today was a long day.

026

1. I didn't cry.
2. I didn't want to go.

027

1. I didn't feel like eating sandwiches.
2. I didn't feel sad.

028

1. I felt much more angry than he did.
2. I felt much prettier than her.

029

1. I didn't want to buy those shoes.
2. I didn't want to go to sleep.

030

1. I feel excited when it is summer.
2. I feel excited about going to the movies.

031
1. I wouldn't swim during a storm.
2. I wouldn't read that book if I didn't have to.

032
1. I couldn't finish eating the cake.
2. I couldn't lie to her.

033
1. I couldn't feel anything.
2. I couldn't feel pain.

034
1. I had to go to the store.
2. I had to clean the dishes.

035
1. No one could climb that tree.
2. No one could answer her question.

036
1. I can't stop dancing!
2. I can't stop sneezing.

037
1. You must clean the house.
2. You must go to school.

038
1. I have to think about it.
2. I have to believe her.

039
1. I can't watch the movie.
2. I can't read that quickly.

040
1. I tried to find the lost dog.
2. I tried to buy a nice gift.

041
1. I will try to win the game.
2. I will try to write a poem.

042
1. Last week I had to take care of my brother.
2. Last week I had a party.

043
1. There were clothes to fold.
2. There were toys to put away.

044
1. There was a lot of good food at dinner.
2. There was a lot of hair in the comb.

045
1. There was music being played.
2. There was water to drink.

046
1. I got the ugly coat.
2. I got a text message.

047
1. I just got a fever.
2. I just got a new bike.

048
1. We got some snacks.
2. I got some toys.

049
1. It got rainy.
2. It got sunny.

050
1. It got very slippery.
2. It got very warm.

051
1. I thought about the future.
2. I thought about what to eat for dinner.

052
1. I have a math exam today at school.
2. I have a headache.

053
1. I like the way you laugh.
2. I like going to my friend's house.

054
1. I like to eat ice cream.
2. I like to go on walks.

055
1. I want the trees to bloom.
2. I want the rain to stop.

056
1. I want to learn new things.
2. I want to do my best.

057
1. I love when the sun is shining.
2. I love when the birds sing.

058
1. I love running around my house.
2. I love living here.

059
1. I take an orange from the bowl.
2. I take a nap.

060
1. I hate when it rains.
2. I hate bug bites.

061
1. I have a lot of cousins.
2. I have a lot of shoes.

062
1. I had such a big problem.
2. I had such a good friend.

063
1. We had a lot of toys.
2. I had a dream about you.

064
1. I put a hat on my head.
2. I put my bookbag on the chair.

065
1. I would like to eat some candy.
2. I would like to climb a tree.

066
1. I do a lot of sleeping.
2. I do a lot of eating.

067
1. I go to the beach during the summer.
2. I go to the grocery store.

068
1. He doesn't like to go shopping.
2. He doesn't like to wear shoes.

069
1. She said we can ride our bikes.
2. She said we can go.

070
1. She told me to plan ahead.
2. She told me to make my bed.

071
1. I said to wash the windows.
2. I said to play outside.

072
1. I told her about the movie.
2. I told her about my town.

073
1. I asked her if she liked to dance.
2. I asked her why she was angry.

074
1. My mom says she wants to drink tea.
2. My mom says she likes the snow.

075
1. It's all because I want to go.
2. It's all because I won the prize.

076
1. All of my friends go to the playground.
2. All of my friends are funny.

077
1. No more will he break dishes.
2. No more will she forget to study.

078
1. After that we planted a tree.
2. After that we made a sandcastle.

079
1. Then we talked to our friends.
2. Then we drew pictures.

080
1. Then it was time to wash our hair.
2. Then it was time to read the children's newspaper.

081
1. Nothing was happening outside.
2. Nothing is going well.

082
1. I promised never to yell.
2. I promised never to fight.

083
1. I felt something pull my hair.
2. I felt something bump me.

084
1. It makes me feel angry.
2. It makes me tired.

085
1. What a great person!
2. What a great thing to do!

086
1. What a terrible way to act!
2. What a terrible test score!

087
1. I can't wait to draw a picture.
2. I can't wait to grow taller.

088
1. I can't stop feeling this way.
2. I can't stop my sister from yelling.

089
1. I am going to play with you.
2. I am going to fly a kite.

090
1. I will make you hungry.
2. I will make you thirsty.

091
1. I will fly a kite.
2. I will throw a party.

092
1. I'll be able to get it.
2. I'll be able to rest.

093
1. I will never want to buy that.
2. I will never let go on the kite.

094
1. I will have to pick it up.
2. I will have to fix it.

095
1. I think I will write a letter.
2. I think I will tell her.

096
1. I know I can begin.
2. I know I can draw a picture.

097
1. It tasted strange.
2. It tasted like the other one.

098
1. It sounded the best.
2. It sounded the worst.

099
1. I won't be the tallest kid.
2. I won't be funnier than him.

100
1. It looked pretty.
2. It looked awful.

초등
영어일기
따라쓰기 50

STEP 1 패턴 찾아보기 앞에서 배웠던 패턴에 동그라미를 치면서 소리내어 읽어보세요.

01 A New Puppy for Me!
나의 새 강아지!

Saturday, July 15th

¹Yesterday was a lot of fun. **I got** a new puppy! I went with my dad to the pet shop. ²**He told me** to pick any dog that I wanted. **I was so** excited. ³**There were** so many dogs at the shop! **I thought** I would want the biggest dog I could find. ⁴Then I saw a small brown puppy. **He was** so cute! ⁵**I asked** my dad if I could have him. He said yes. ⁶We bought some toys and food for the puppy. **Then we** took him home. ⁷**I love** play**ing** with my new puppy! **He is** so much fun!

 단어정리

puppy 강아지
pick 고르다
the biggest 가장 큰
small (크기가) 작은
brown 갈색
cute 귀여운
bought buy(사다)의 과거형

1. 어제는 정말 재미있었다. 새 강아지를 얻은것이다! 나는 아빠와 애완동물 가게에 갔다.

_____

_____

2. 아빠는 아무 개나 마음대로 고르라고 하셨다. 나는 정말 신났다.

_____

_____

3. 가게에는 개가 아주 많았다! 나는 내가 거기서 가장 큰 놈을 갖고 싶어 할 거라고 생각했다.

_____

_____

4. 그때 나는 조그만 갈색 강아지를 보았다. 그 강아지는 너무 귀여웠다!

_____

_____

5. 나는 아빠에게 그 강아지를 가져도 되는지 물어보았다. 아빠가 된다고 하셨다.

_____

_____

6. 우리는 강아지 장난감과 먹이를 조금 샀다. 그러고 나서 강아지를 집에 데려왔다.

_____

_____

7. 나는 나의 새로운 강아지와 노는 것이 너무 좋다! 강아지는 너무 재미있다!

_____

_____

02 A Vacation at the Beach!
해변에서의 휴가!

Saturday, August 12th

¹**Last week** I went on a vacation with my family. My mom said we were going to the beach. ²**I was very** excited! **She said** I needed to pack my suitcase. ³**I was worried** I would forget something. My brother helped me pack. ⁴**I had to** bring my swimming suit, sandals, and sunglasses. **I tried to** think of other things I would need. ⁵No one could think of anything else. Our vacation was fun! It got hot so we went swimming. ⁶**I love** to splash in the water! We had a swimming race. ⁷**No one** could swim as far as I could! We laughed and played all day.

✿ 단어정리

vacation 방학
beach 해변
pack 짐을 싸다
forget 깜빡하다, 잊다
splash (물을) 첨벙거리다
race 경주
laugh 웃다

STEP 2 일기 전체 완성하기 문장을 연결하여 빠르게 써보세요.

Come on, try!

1. 지난 주에 나는 가족과 함께 휴가를 갔다. 엄마는 우리가 해변에 갈거라고 하셨다.

_____

_____

2. 나는 정말 신났다! 엄마가 나에게 옷 가방을 싸라고 하셨다.

_____

_____

3. 나는 내가 뭔가 잊어버릴까봐 걱정스러웠다. 형이 내가 짐 싸는 것을 도와주었다.

_____

_____

4. 내 수영복, 샌들, 그리고 선글라스를 가져가야 했다. 나는 필요한 게 또 뭐가 있는지 생각해 보았다.

_____

_____

5. 아무도 다른 걸 생각해내지 못했다. 우리의 휴가는 재미 있었다! 더워서 우리는 수영하러 갔다.

_____

_____

6. 나는 물 속에서 첨벙거리는 게 정말 좋다! 우리는 수영 시합을 했다.

_____

_____

7. 아무도 나만큼 멀리 가지 못했다! 우리는 하루 종일 웃고 놀았다.

_____

_____

03 Oh No! A Surprise Test!
안 돼! 깜짝 시험!

Monday, September 10th

[1]This morning I went to school. The teacher told the class that we were going to take a test. [2]**She said** that we could sharpen our pencils first. I sharpened my pencil. [3]**Then I** sat down at my desk. Then it was time to take the test. [4]It made me nervous. **There were** a lot of questions. [5]**It looked** hard. **I tried to** do my best. [6]My teacher said I did a good job. **I was** so happy! [7]**I will** study a lot for the next test.

✿ 단어정리

take a test 시험을 치다
sharpen 깎다, 뾰족하게 하다
nervous 떨리는
question 질문
hard 어려운
next 다음의

126

1. 오늘 아침에 학교에 갔다. 선생님이 반 학생들에게 시험을 보겠다고 말씀하셨다.

_____

_____

2. 선생님은 먼저 연필을 깎아도 좋다고 말씀하셨다. 나는 연필을 깎았다.

_____

_____

3. 그리고 책상에 앉았다. 그러자 시험 칠 시간이 되었다.

_____

_____

4. 나는 긴장이 되었다. 시험지에는 문제가 아주 많았다.

_____

_____

5. 어려워 보였다. 나는 최선을 다하려고 노력했다.

_____

_____

6. 선생님이 잘 했다고 말씀하셨다. 나는 무척 행복했다!

_____

_____

7. 다음 시험을 위해서 아주 많이 공부해야지!

_____

_____

04 Planting a Beautiful Garden!
아름다운 정원을 가꿔요!

Sunday, April 5th

[1]**Last week I had to** plant flowers in the garden. **There were** weeds growing in the dirt. [2]I pulled out the weeds. **I got** some seeds to plant. Then I dug a hole to plant the seeds. [3]**I love** digging in the dirt! I put one seed in each hole. [4]**I felt something** crawl on my arm. It was a bug! **I hate** bug bites! [5]But **nothing could** stop me from planting flowers. I filled a bucket with water. **It was** heavy! [6]Then I watered the seeds. **I can't wait** until the flowers bloom! [7]All of my friends will be excited to see the flowers!

🌸 단어정리

plant (꽃이나 나무를) 심다
weed 잡초   **dirt** 흙, 먼지
pull 당기다   **seed** 씨앗
dig 파다   **hole** 구멍
crawl 기어오르다   **bug** 벌레
bucket 양동이
water <동사> 물을 주다
bloom (꽃이) 피다

1. 지난주에 나는 정원에 꽃을 심어야 했다. 흙속에 잡초들이 자라고 있었다.

_____

_____

2. 나는 잡초를 뽑았다. 나는 심을 씨앗을 조금 갖고 있었다. 그리고 나는 씨앗을 심을 구멍을 팠다.

_____

_____

3. 나는 흙에 구멍 파는 게 너무 좋다! 나는 구멍마다 씨앗을 하나씩 넣었다.

_____

_____

4. 뭔가 내 팔을 기어오르는 느낌이 들었다. 벌레였다! 벌레가 무는 건 너무 싫다!

_____

_____

5. 하지만 그 무엇도 내가 꽃을 심는 걸 막을 수는 없었다. 나는 양동이에 물을 가득 채웠다. 무거웠다!

_____

_____

6. 그러고 나서 나는 씨앗에 물을 주었다. 빨리 꽃이 피었으면 좋겠다!

_____

_____

7. 내 친구들이 모두 꽃을 보고 싶어서 난리를 칠 거다!

_____

_____

05 Oh, no! I'm Late for School!
안 돼! 지각이야!

Sunday, May 20th

[1]**What a terrible** morning! **It's all because** I forgot to set my alarm clock. I woke up late! [2]**I had to** go to school. **I didn't want to** be late. My mom told me to brush my teeth. [3]**Then it was time to** put on my school clothes. **I had to** eat breakfast. [4]Then I couldn't find my shoes! I was so annoyed. [5]My mom told me that my shoes were in my bedroom. I put on my shoes and left my house. [6]The bus was gone! **I had to** run to school! I was very tired when I got there. [7]**No more** will I forget to turn on my alarm clock!

 단어정리

set 맞추다
wake up (잠에서) 일어나다
late 늦은, 지각한
brush teeth 이를 닦다
find 찾다
annoyed 짜증나는, 약오른
tired 피곤한
forgot forget(잊다)의 과거형

Come on, try!

STEP 2 일기 전체 완성하기 문장을 연결하여 빠르게 써보세요.

1. 정말 끔찍한 아침이다! 이건 다 내가 알람을 맞추는 걸 깜빡했기 때문이다. 나는 늦게 일어났다!

2. 학교에 가야 했다. 지각하고 싶지 않았다. 엄마가 이를 닦으라고 말씀하셨다.

3. 그러고 나서는 학교 갈 옷을 입을 시간이었다. 나는 아침을 먹어야 했다.

4. 그런데 신발이 보이지 않았다! 나는 너무 짜증이 났다.

5. 신발이 내 방에 있다고 엄마가 말해주셨다. 나는 신발을 신고 집을 나섰다.

6. 버스는 가고 없었다! 나는 학교까지 달려가야만 했다! 학교에 도착하자 너무 피곤했다.

7. 앞으로 다시는 알람 켜는 걸 잊지 않을 테다!

STEP1 패턴 찾아보기 앞에서 배웠던 패턴에 동그라미를 치면서 소리내어 읽어보세요.

06 A Fun Day at Friend's House!
친구 집에서 보낸 재미있는 하루!

Sunday, June 7th

[1]**Today was** a great day! My best friend asked me to go to her house. [2]We played all day long! **It was** fun when we rode our bikes. **I was** very happy. [3]After that we wanted to fly a kite. **I tried to** make the kite fly high in the sky. [4]My friend made it fly really high! Then we were very hungry. [5]She asked her mom if we could have some pizza. [6]Her mom brought us each a big slice! It smelled so good! [7]I took a big bite. It tasted really good! **Then it was time to** go home. **What a great** day!

 단어정리

great 멋진
rode ride(타다)의 과거
kite 연
fly 날리다
hungry 배고픈
slice 조각

132

1. 오늘은 정말 멋진 날이었다! 내 가장 친한 친구가 자기 집에 놀러가자고 했다.

   _____

   _____

2. 우리는 하루 종일 놀았다! 자전거를 타고 다니는 건 재미있었다. 나는 너무 행복했다.

   _____

   _____

3. 그 다음에 우리는 연을 날리고 싶었다. 나는 연을 하늘 높이 날리려고 했다.

   _____

   _____

4. 내 친구는 연을 정말 높이 날렸다. 그러고 나자 우리는 무척 배가 고팠다.

   _____

   _____

5. 친구는 엄마에게 우리가 피자를 좀 먹을 수 있는지 물었다.

   _____

   _____

6. 그녀의 엄마는 우리에게 커다란 조각을 하나씩 가져다 주었다! 냄새가 너무 좋았다!

   _____

   _____

7. 나는 한 입 크게 물었다. 정말 맛있었다! 그러고 나니 집에 갈 시간이었다. 정말 멋진 날이다!

   _____

   _____

07 A Rainy Day with Dad!
비 오는 날 아빠와 함께!

Saturday, July 1st

[1]**I would like to** talk about my dad. This morning **we had** such a good time. [2]It rained today. **I was** so sad. My dad said we should play game inside. [3]We played cards together. I won two games and my dad won three. [4]**It was** fun! **After that** we played board games. [5]**I love** to make puzzles, so we also made a puzzle. [6]My dad told jokes. He made me laugh! What a fun day! [7]**I can't wait** until it rains again!

♥ 단어정리

rainy 비가오는
should <조동사>...해야 한다
won win(이기다)의 과거형
joke 농담

1. 나는 우리 아빠에 대해서 이야기 하고 싶다. 오늘 아침에 우리는 정말 좋은 시간을 보냈다.

2. 오늘은 비가 내렸다. 나는 너무 슬펐다. 아빠가 안에서 게임하자고 말씀하셨다.

3. 우리는 같이 카드게임을 했다. 내가 두 게임을 이기고 아빠가 세 게임을 이기셨다.

4. 재미있었다! 그 다음에 우리는 보드 게임을 했다.

5. 내가 퍼즐 만드는 걸 정말 좋아해서. 우리는 역시 퍼즐을 만들었다.

6. 아빠가 농담을 하셨다. 아빠가 나를 웃겼다! 참 재미있는 날이다!

7. 비가 얼른 또 왔으면 좋겠다!

08 Don't Steal my Candy!

내 사탕 훔치지 맛!

Saturday, July 21st

¹Yesterday was a bad day. **I got** a piece of chocolate. My friend gave it to me. ²**I put** it on my desk. **I was going to** eat it after dinner. ³Then my brother went into my bedroom and took my chocolate! I told my brother to give it back. ⁴He put it in his mouth. He ate it! We yelled at each other. ⁵I told Mom about what happened. She doesn't like to hear us yell. ⁶**She said** we needed to hug and say we were sorry. We did. ⁷My brother felt bad. He gave me two pieces of his candy. **We'll never** fight again.

✹ 단어정리

bedroom 침실
take back 돌려 받다
ate eat(먹다)의 과거형
hug 안다
fight 싸우다

1. 어제는 좋지 않은 날이었다. 나는 초콜릿을 한 쪽 얻었다. 내 친구가 준 것이었다.

_____

_____

2. 나는 그것을 책상 위에 올려 놓았다. 저녁 먹고 나서 먹을 작정이었다.

_____

_____

3. 그런데 내 남동생이 내 방에 들어가서 초콜릿을 가져가 버렸다! 나는 동생에게 돌려달라고 말했다.

_____

_____

4. 동생은 그걸 입에 쏙 넣어버렸다. 녀석이 먹어버린 것이다! 우리는 서로 고함을 질렀다!

_____

_____

5. 나는 엄마에게 무슨 일인지 말했다. 엄마는 우리가 고함치는 걸 듣고 싶지 않았다.

_____

_____

6. 엄마는 우리에게 서로 안아주고 미안하다고 말하라고 하셨다. 우리는 그렇게 했다.

_____

_____

7. 내 동생은 기분이 좋지않았다. 그는 나에게 캔디를 두 개 주었다. 우리는 이제 다시는 싸우지 않을 거다.

_____

_____

09 The Best Lunch Ever!
내 생애 최고의 점심!

Sunday, August 22nd

[1]**Last week** I went on a picnic with my family. **I was** so excited about the picnic! It was so great! [2]**I like** cheese sandwiches. My mom makes the best sandwiches. [3]She made a sandwich for everyone! My sister packed the basket with all of the food. [4]I packed a mat for us to sit on. **There was** a lot to carry! We went to a park. [5]There was a lot of food to take out of the basket. **I couldn't wait** to eat! Everyone sat down on the mat. [6]Then we ate lunch. It was a tasty lunch. **After that** I played games in the park with my family. [7]I never wanted to leave there!

 단어정리

picnic 소풍
best 최고의
basket 바구니
mat 돗자리, 매트
sit down ...에 앉다
tasty 맛있는
play game 게임을 하다

Come on, try!

1. 지난주에 나는 가족과 함께 소풍을 갔다. 나는 소풍 때문에 정말 신났다! 너무너무 좋았다!

2. 나는 치즈 샌드위치를 좋아한다. 우리 엄마는 최고의 샌드위치를 만든다.

3. 엄마는 모두를 위해 샌드위치를 만들었다! 우리 누나는 모든 음식을 바구니에 쌌다.

4. 나는 우리가 앉을 돗자리를 챙겼다. 가져갈 것들이 많았다! 우리는 공원에 갔다.

5. 바구니에서 꺼낼 음식이 많았다. 난 얼른 먹고 싶었다! 모두들 돗자리에 앉았다.

6. 그리고 우리는 점심을 먹었다. 맛있는 점심이었다. 그 다음에 나는 가족과 함께 공원에서 게임을 했다.

7. 난 정말 그곳을 떠나고 싶지 않았다!

10 An Exciting Baseball Game!
신나는 야구 경기!

Wednesday, August 30th

[1]Yesterday **I went to** see a baseball game. My dad took me to the game. [2]**I love** watching baseball games. **It is** so exciting! I have many baseball players that I like. [3]I wanted to see all of them play! **I was** sad when the other team was winning. [4]Everyone said the other team was doing better. It sounded like my team was going to lose the game. [5]Then we saw one of my favorite players hit a home run! [6]I couldn't stop cheering! I was jumping up and down. My dad was jumping, too! [7]**No one** could believe what happened. My favorite team won the game!

★ 단어정리

baseball 야구
watch 구경하다
favorite 가장 좋아하는
player 선수
home run 홈런
cheer 응원하다
jump 뛰다

140

Come on, try!

1. 어제 나는 야구 경기를 보러 갔다. 아빠가 나를 경기에 데려가셨다.

_____

_____

2. 나는 야구 경기 보는 것을 정말 좋아한다. 너무 신났다! 나는 좋아하는 야구 선수가 많다.

_____

_____

3. 나는 그들 모두가 경기하는 걸 보고 싶었다! 나는 다른 팀이 점수를 낼 때 슬펐다.

_____

_____

4. 모두가 다른 팀이 더 잘한다고 말했다. 우리 팀이 질 것처럼 들렸다.

_____

_____

5. 그러고 나서 우리는 내가 좋아하는 선수 중 하나가 홈런을 치는걸 보게 되었다!

_____

_____

6. 나는 응원을 멈출 수가 없었다! 나는 위 아래로 방방 뛰었다. 우리 아빠도 뛰고 계셨다!

_____

_____

7. 아무도 믿을 수 없는 일이 일어났다. 내가 가장 좋아하는 팀이 그 경기를 이겼다!

_____

_____

11 Achoo! I have a Cold!

엣취! 감기 걸렸어!

Tuesday, July 23rd

[1]Today **I had** to stay home from school. **It's all because** I played outside in the rain yesterday. [2]My mom told me that I should come inside. I was having so much fun, though. [3]**I didn't want to** come inside! I didn't think I would get sick. **I was** wet from head to toe. [4]My clothes were soaking wet, too. I didn't feel sick yesterday. This morning I had a sore throat. [5]My mom said it was because I got wet and cold. I missed seeing my friends in school today. [6]I won't be able to go to the soccer game tomorrow either. **I will have to** stay in bed until I feel better. [7]Next time, I'll listen to my mom!!

🌸 단어정리

rain 비
have fun 재미있게 놀다
soak (물에) 담그다, 빨아들이다
sick 아픈
from A to B A에서 B까지
miss 놓치다
stay 머물다
feel better (몸이) 나아지다

1. 오늘 나는 학교를 빠지고 집에 있어야만 했다. 그건 다 어제 비 맞으면서 놀았기 때문이다.

_____

_____

2. 엄마가 안으로 들어와야 한다고 말씀하셨다. 그런데도 나는 너무 재미있었다.

_____

_____

3. 나는 안으로 들어가기 싫었다! 아프게 될 거라고는 생각하지 못했다. 나는 머리에서 발끝까지 다 젖었다.

_____

_____

4. 내 옷도 흠뻑 젖어 있었다. 어제는 아프지 않았는데 오늘 아침에는 목이 아팠다.

_____

_____

5. 엄마는 내가 젖어서 추웠기 때문이라고 말씀하셨다. 나는 오늘 학교 친구들을 보지 못했다.

_____

_____

6. 나는 내일 축구 경기도 못 나갈 것이다. 나는 몸이 좋아질 때까지 침대에 있어야 할 것이다.

_____

_____

7. 다음에는 엄마 말을 잘 들어야겠다!

_____

_____

STEP1 패턴 찾아보기 앞에서 배웠던 패턴에 동그라미를 치면서 소리내어 읽어보세요.

12 Scrub, Scrub, Scrub, The House is Clean!
문질러, 문질러, 문질러! 우리 집은 깨끗해!

Thursday, March 5th

[1]**Today was** a long day. **I had to** help my parents clean the house all day. [2]**We got** some soap from the cupboard. **I took** a bucket and filled it with water and soap. [3]It got heavy! My mom gave me a sponge. I clean the kitchen floor with the sponge and soapy water. [4]**It was** hard work! I liked seeing the clean floor, though. It made my parents happy, too. [5]**It looked** so shiny! My dad swept the living room floor. My mom washed the dishes. My sister cleaned the windows. [6]**I took** the trash out to the garbage can. Cleaning is hard work! [7]Everything looked so nice when we were done. **I like** to help my parents.

 단어정리

help 돕다
parents 부모님
cupboard 찬장, 벽장
floor 바닥
shiny 반짝이는
swept sweep(쓸다)의 과거형
living room 거실
wash 씻다
garbage 쓰레기

Come on, try!

1. 오늘은 긴 하루였다. 나는 하루종일 부모님이 집 청소하는 걸 도와야 했다.

_____

_____

2. 우리는 찬장에서 세제를 꺼냈다. 나는 양동이를 가져다가 비눗물을 가득 채웠다.

_____

_____

3. 무거웠다! 엄마가 나에게 스폰지를 주었다. 나는 비눗물에 적신 스폰지로 부엌 바닥을 닦았다.

_____

_____

4. 힘든 일이었다! 그렇지만 깨끗한 바닥을 보는 것은 좋았다. 부모님도 기뻐하셨다.

_____

_____

5. 정말 반짝거렸다! 아빠는 거실 바닥을 쓸었다. 엄마는 설거지를 하셨다. 누나는 창문을 닦았다.

_____

_____

6. 나는 쓰레기를 쓰레기 통에 갖다 버렸다. 청소는 힘든 일이다!

_____

_____

7. 일을 다 마치자 모든 것이 아주 좋아보였다. 나는 부모님을 돕는 게 좋다.

_____

_____

13 Always Listen to Parents!
늘 부모님 말씀 잘 듣기!

Friday, April 12th

[1]**I was worried** about my brother today. He did not listen to our parents. [2]They wanted him to clean his room. He said he didn't want to. [3]My parents told him he was in trouble. **I tried to** tell him to listen to our parents. [4]He would not be in trouble if he listened to them. My mom says it is important to respect your elders. [5]After my parents talked to my brother, he understood why he was in trouble. [6]**I am going to** listen to my parents. **I will** help my brother listen to my parents, too. [7]**I want** our parents to be proud of us.

 단어정리

be in trouble
곤경에 처하다, 어려움에 빠지다
important 중요한
listen to... ...을 듣다
be proud of...
...를 자랑스러워 하다

 일기 전체 완성하기 문장을 연결하여 빠르게 써보세요.

1. 오늘 난 남동생이 걱정됐다. 동생은 엄마 아빠 말을 듣지 않았다.

2. 부모님은 동생이 자기 방을 청소하길 바라셨다. 그런데 동생은 하기 싫다고 했다.

3. 부모님은 동생에게 혼날 줄 알라고 말하셨다. 나는 동생에게 부모님 말씀을 들으라고 말하려고 했다.

4. 부모님 말씀을 잘 들으면 혼나지 않을 텐데 말이다. 엄마는 어른을 존중하는 것이 중요하다고 말씀하신다.

5. 부모님이 동생과 이야기를 한 다음에, 동생은 왜 자기가 혼나야 되는지 이해했다.

6. 나는 부모님 말씀을 잘 들을 것이다. 내 동생도 부모님 말씀을 잘 듣게 도울 것이다.

7. 나는 부모님이 우리를 자랑스럽게 생각하시면 좋겠다.

14 My Freind's Fun Birthday Party!
내 친구의 재미있는 생일파티!

Friday, May 11th

[1]**I was** so excited about the birthday party. **I was** invited by my best friend. [2]**He is** my friend at school. **I couldn't wait** to see the other friends at the party. [3]I knew there would be cake, too. **There were** a lot of balloons. I gave a present to my friend. [4]He was so excited! My friend opened his present. **It was** a toy train. [5]**It sounded like** a real train when the horn blew! [6]No one could believe it was just a toy! I couldn't stop laughing. [7]**All of** my friends got to play with the train. What a fun party!

🌼 단어정리

birthday 생일
ballon 풍선
present 선물
train 기차
horn 기적
blow (기적 등을) 울리다, 불다
believe 믿다

STEP 2 일기 전체 완성하기 문장을 연결하여 빠르게 써보세요.

Come on, try!

1. 생일파티 때문에 난 정말 신났다. 내 절친한테 초대를 받은 것이다.

2. 그는 내 학교 친구다. 다른 친구들을 빨리 파티에서 만나고 싶었다.

3. 케이크도 있을 줄 알았다. 풍선도 많이 있었다. 나는 친구에게 선물을 주었다.

4. 친구는 정말 신나했다! 친구가 선물을 풀었다. 장난감 기차였다.

5. 기적이 울릴 때면 진짜 기차 소리처럼 들렸다!

6. 그게 그냥 장난감이라는 걸 아무도 믿지 못했다. 자꾸 웃음이 났다.

7. 친구들 모두 그 기차를 가지고 놀았다. 대박 재밌는 파티였다!

15 My Dog Does Tricks!
우리 강아지가 재주를 부려요!

Sunday, June 2nd

[1]**I love** my dog. Yesterday **I tried to** teach him to sit. [2]I put a snack in my hand and told him to sit. He didn't sit down. [3]I tried again. **I couldn't** get him to sit! [4]**I was worried** he wouldn't learn any tricks, but I could get him to lay down. [5]He liked to roll over, too. I wish my dog would learn one more trick! [6]I think I will try again tomorrow. **He is** a good dog. **I am going to** try using a different snack. [7]I will never give up. **I know I can** teach my dog more tricks!

 단어정리

teach 가르치다
snack 간식
again 다시
different 다른
give up 포기하다
trick 재주

150

1. 나는 내 강아지를 사랑한다. 어제 나는 앉는 것을 가르쳐 봤다.

2. 손에 간식 올려놓고 앉으라고 말했다. 강아지는 앉지 않았다.

3. 나는 다시 해봤다. 나는 강아지가 앉게 할 수 없었다!

4. 나는 강아지가 아무 재주도 못 배울까봐 걱정되었다. 하지만 나는 강아지를 눕게 할 수 있었다.

5. 강아지는 구르는 것도 좋아했다. 나는 내 강아지가 더 많은 재주를 부렸으면 좋겠다!

6. 나는 내일 또 해 볼 거다. 우리 강아지는 훌륭한 강아지다. 다른 간식을 사용해 봐야지.

7. 난 절대 포기 안해. 난 내가 우리 강아지에게 더 많은 재주를 가르칠 수 있다는 걸 알아!

STEP1 패턴 찾아보기 앞에서 배웠던 패턴에 동그라미를 치면서 소리내어 읽어보세요.

16 Fun at the Playground!
놀이터에서 재밌었어!

Saturday, July 3rd

[1]**I feel excited** when I play with my friends. Yesterday we played all day long at the playground. **I got** some chalk out. [2]We drew pictures on the sidewalk. My mother told me we could. [3]**After that** we played on a swing. I felt like I was flying! Then we road our bikes. [4]I wasn't even tired! It looked like it was getting late, though. **I had to** go home. [5]**I didn't want to** leave the playground. **I didn't want to** worry my mom, though. [6]She says I can't play outside after it's dark. [7]**She was** so happy when I got home on time. I think I will play at the playground tomorrow!

 단어정리

bike 자전거
playground 놀이터
outside 밖
on time 제 시간에

152

STEP 2 일기 전체 완성하기 문장을 연결하여 빠르게 써보세요.

Come on, try!

1. 친구랑 놀 때 난 정말 신난다. 어제 우리는 하루 종일 놀이터에서 놀았다. 나는 분필을 몇 개 꺼냈다.

_____

_____

2. 우리는 인도에 그림을 그렸다. 엄마가 그래도 된다고 하셨다.

_____

_____

3. 그 다음에 우리는 그네를 탔다. 내가 날고 있는 느낌이었다! 그러고 나서 우리는 자전거를 탔다.

_____

_____

4. 난 피곤하지도 않았다! 그래도 점점 시간이 늦어지는 것 같았다. 나는 집에 가야만 했다.

_____

_____

5. 나는 놀이터를 떠나고 싶지 않았다. 하지만 엄마를 걱정시키고 싶지도 않았다.

_____

_____

6. 엄마는 어두워진 다음에는 밖에서 놀면 안 된다고 하신다.

_____

_____

7. 내가 집에 제 시간에 들어가자 엄마는 굉장히 좋아하셨다. 내일도 놀이터에서 놀아야지!

_____

_____

17 School Projects are Fun!
학교 과제는 재미있다!

Tuesday, July 22nd

[1]**All of my friends** like school. **I like to** go to school also. [2]**Last week** I had to work on a project at school. **There was** a lot of work to do. [3]My friends helped me with my project. **I have** a lot of good friends. [4]**I did** a nice job on my project. My teacher was impressed. [5]Tomorrow **I am going to** thank my friends. I couldn't have finished the project without their help! [6]They were fun to work with. **I didn't feel** stressed about my project because of them. [7]**I will** help them with their projects tomorrow. **I'll be able to** help them a lot!

 단어정리

project 프로젝트, 과제
impressed 감명받은
thank 고마워하다
finish 끝내다
because of... ... 때문에

154

STEP 2 일기 전체 완성하기 문장을 연결하여 빠르게 써보세요.

1. 내 친구들은 모두 학교를 좋아한다. 나도 학교에 가는 게 좋다.

_____

_____

2. 지난주에 나는 학교에서 과제를 해야 했다. 할 일이 많았다.

_____

_____

3. 내 친구들이 내 과제를 도와주었다. 나는 좋은 친구들이 아주 많다.

_____

_____

4. 나는 과제를 아주 잘 해냈다. 우리 선생님은 감명받았다.

_____

_____

5. 내일 친구들에게 고맙다고 말할 거다. 친구들이 도와주지 않았으면 난 과제를 끝내지 못했을 것이다!

_____

_____

6. 그들과 함께 작업하는 건 재미있었다! 친구들 덕분에 과제에 대한 스트레스도 받지 않았다.

_____

_____

7. 내일은 내가 그들의 과제를 도와줄 거다. 친구들을 많이 도울 수 있을 거야!

_____

_____

18 Yikes! It's Storming!

앗! 폭풍이닷!

Thursday, July 25th

[1]Last night it started to rain. **I didn't want to** get wet, so I came inside. It got windy. [2]Then **it sounded** like it was starting to storm. I felt excited about the storm. [3]It started to thunder. **It was** loud! **I promised never to** be scared when it stormed, but I was nervous. [4]I wasn't sure if we were safe because it was storming so much. **I had to** cover my ears! [5]My mom said that we were safe. She gave me a big hug. [6]Then the storm started to go away. The rain and wind stopped. I felt much better! [7]My mom was right. **I will** try not to be scared anymore.

★ 단어정리

thunder 번개
loud (소리가) 우렁찬, 큰
scared 무서워하는
storm 폭풍
cover 덮다, 막다
safe 안전한
go away 가버리다
right 옳은
anymore 더 이상

156

STEP 2   일기 전체 완성하기 문장을 연결하여 빠르게 써보세요.

Come on, try!

1. 어젯밤부터 비가 내리기 시작했다. 나는 젖기 싫어서 안으로 들어왔다. 바람이 불었다.

_____

_____

2. 그러자 폭풍우가 몰아치기 시작하는 것 같았다. 나는 폭풍우 때문에 흥분이 되었다.

_____

_____

3. 번개가 치기 시작했다. 엄청 시끄러웠다! 나는 폭풍이 와도 절대 무서워하지 않겠다고 약속했었지만 불안했다.

_____

_____

4. 폭풍이 너무 심했기 때문에 우리가 안전한지 알 수 없었다. 나는 귀를 막아야만 했다!

_____

_____

5. 우리는 안전하다고 엄마가 말하셨다. 엄마는 날 꼬옥 안아주셨다.

_____

_____

6. 그리고 나서 폭풍이 잦아들기 시작했다. 비바람이 그쳤다. 기분이 훨씬 좋아졌다!

_____

_____

7. 엄마가 옳았다! 나는 이제 더는 무서워하지 않을 ;테다

_____

_____

STEP1 패턴 찾아보기 앞에서 배웠던 패턴에 동그라미를 치면서 소리내어 읽어보세요.

19 Good Students Do Their Homework!
착한 학생한테 숙제는 당근이지!

Wednesday, July 30th

[1]Today my teacher talked about homework. **You must** do your homework she said. [2]It is important to finish it on time. It will make you a better student. [3]You must listen to your teacher. She doesn't like to yell at students. [4]But sometimes she has to when they don't listen. [5]**All of** my friends listen to the teacher. We all do our homework, too. [6]**It's all because** we want to learn a lot. We like our teacher, too. She is nice and smart. [7]**I am** a good student. **I am going to** try to be an even better student, though! **I will** learn everything there is to know!

★ 단어정리

homework 숙제
must (조동사) ...해야 한다
better 더 좋은
yell 소리를 지르다
smart 똑똑한

158

1. 오늘 선생님이 숙제에 대해 말씀하셨다. 너희들은 숙제를 꼭 해야 된다고 하셨다.

_____

_____

2. 그것을 제 시간에 끝내는 것이 중요하다. 그것은 너희들을 더 좋은 학생으로 만들어 줄 거다.

_____

_____

3. 선생님 말씀을 잘 들어야 한다. 선생님은 학생들에게 소리 지르는 걸 좋아하지 않는다.

_____

_____

4. 하지만 아이들이 말을 듣지 않으면 가끔 그래야만 할 때도 있다.

_____

_____

5. 내 친구들은 모두 선생님 말씀을 잘 듣는다. 우리는 모두 숙제도 한다.

_____

_____

6. 그건 다 우리 모두 많이 배우고 싶기 때문이다. 우리는 선생님도 좋아한다. 선생님은 다정하고 똑똑하시다.

_____

_____

7. 나는 좋은 학생이다. 그렇지만 더 좋은 학생이 되도록 노력할 것이다. 나는 알아야 할 것들을 모두 배울 것이다!

_____

_____

STEP 1 패턴 찾아보기 앞에서 배웠던 패턴에 동그라미를 치면서 소리내어 읽어보세요.

20 A Fun Day with Friends!
친구와 함께 한 재미있는 하루!

Saturday, August 1st

[1]**Today was** a good day. My mom made eggs and toast for breakfast. [2]**It was** sunny outside so **I went** out in the yard. I wasn't the only person outside. [3]My neighbor was riding his bike. **I got** my bike and rode with him. [4]We went to our friend's house. She doesn't like to ride bikes. [5]We climbed a tree with her. Then I felt something on my shoulder. **It was** a bird! [6]The bird chirped. **All of** my friends laughed. The bird flew away. [7]**It was time to** go home. What a fun day!

 단어정리

breakfast 아침식사
yard 마당, 뜰
only 유일한
ride (탈 것을) 타다
chirp (새가) 짹짹거리다
shoulder 어깨
fly away 날아가 버리다

STEP 2 일기 전체 완성하기 문장을 연결하여 빠르게 써보세요.

Come on, try!

1. 오늘은 좋은 하루였다. 엄마는 아침으로 달걀 토스트를 만들어 주셨다.

_____

_____

2. 밖이 화창해서 난 마당으로 나갔다. 나만 밖으로 나온 것은 아니었다.

_____

_____

3. 이웃에 사는 친구는 자전거를 타고 있었다. 나도 자전거를 끌고 가서 그와 함께 탔다.

_____

_____

4. 우리는 친구 집에 갔다. 그 얘는 자전거 타는 걸 좋아하지 않는다.

_____

_____

5. 우리는 함께 나무에 올랐다. 그런데 어깨에 뭔가 있는 것 같은 느낌이 들었다. 새였다!

_____

_____

6. 새가 짹짹 울었다. 친구들이 모두 깔깔 웃었다. 새는 날아가 버렸다.

_____

_____

7. 그러자 집에 갈 시간이었다. 참 재미있는 하루였다!

_____

_____

STEP1 패턴 찾아보기 앞에서 배웠던 패턴에 동그라미를 치면서 소리내어 읽어보세요.

21 Let's Take a Walk!
산책하자!

Sunday, August 6th

[1]Today I took a long walk. **I like** to walk around my neighborhood. [2]I put on my shoes and started walking down my street. I saw my neighbor. I waved at him. [3]I also wanted to see my best friend, so I walked to his house. He saw me and waved. [4]**Nothing** is better than seeing my friends! We have fun together. [5]I thought about walking to the store, but I didn't. **I went** to the park. [6]**There were** a lot of wildflowers. I picked some. Then I walked home. [7]**I took** the flowers to my mom. She loved them! **I love** walking and I love my mom!

 단어정리

walk 걷기, 산책
neighborhood 동네
put on (옷이나 신발을) 입다, 신다
wave (손을) 흔든다
wildflower 야생화

162

1. 오늘 나는 많이 걸었다. 나는 동네를 돌아다니는 게 좋다.

2. 나는 신발을 신고 길을 걸어 내려가기 시작했다. 나는 이웃 친구를 보았다. 그에게 손을 흔들었다.

3. 나는 내 가장 친한 친구도 보고 싶어서 그의 집으로 걸어갔다. 그가 나를 보고 손을 흔들었다.

4. 친구를 만나는 것보다 더 좋은 건 없다! 우리는 같이 재미있는 시간을 보냈다.

5. 나는 가게까지 걸어갈까 생각했지만 그만 뒀다. 나는 공원에 갔다.

6. 야생화가 아주 많았다. 꽃을 조금 땄다. 그리고 집으로 걸어왔다.

7. 나는 엄마에게 꽃을 드렸다. 엄마가 너무 좋아하셨다! 나는 걷는 것도 너무 좋고 엄마도 너무 좋다!

STEP 1 패턴 찾아보기 앞에서 배웠던 패턴에 동그라미를 치면서 소리내어 읽어보세요.

22 A Big Catch!
커다란 물고기를 잡았다!

Saturday, August 12th

¹**Last week** I had a great idea. **I wanted to** go fishing with my dad. I asked and he said we could go. ²**I love** fishing! My mom said she would cook the fish we caught. **I tried to** catch a lot. ³**There were** many small fish swimming near our boat. **I was worried** we wouldn't catch any big ones. ⁴I knew I could catch some if I tried! I felt something tug my fishing line. **There was** nothing on the hook! ⁵I put a new work on the hook and threw it in the water. **After that** we talked while we waited. ⁶Then **it looked** like there was a fish on my hook. My dad helped me reel it in. ⁷We got a big fish! I felt so excited! My mom will be proud.

★ 단어정리

fishing 낚시
fish 생선
catch 잡다
tug 잡아 당기다
hook (낚시) 바늘
threw throw(던지다)의 과거형

Come on, try!

1. 지난주에 굉장한 아이디어가 떠올랐다. 아빠와 낚시를 가고 싶었다. 아빠에게 물었더니 가자고 하셨다.

2. 나는 낚시가 정말 좋다! 엄마는 우리가 잡은 생선을 요리하겠다고 하셨다. 나는 많이 잡으려고 노력했다.

3. 아주 많은 작은 물고기들이 배 근처에서 헤엄치고 있었다. 나는 큰 놈을 하나도 못 잡을까봐 걱정되었다.

4. 하지만 노력하면 분명히 잡을 거라고 믿었다! 뭔가 낚싯줄을 당기는 것 같았다. 낚싯바늘에는 아무것도 없었다!

5. 나는 낚싯바늘에 미끼를 새로 끼우고 물속으로 던졌다. 그러고 나서 우리는 얘기를 나누면서 기다렸다.

6. 그런데 내 낚싯바늘에 물고기가 걸린 것 같았다. 아빠는 내가 줄을 감는 것을 도와주셨다.

7. 우리는 큰 물고기를 잡았다! 나는 너무 신이 났다! 엄마가 자랑스러워하시겠지.

23 Splashing in the Water!
물속에서 풍덩풍덩

Thursday, August 22nd

[1] Yesterday **I went to** the beach with my family. **I took** a bag filled with everything I needed. **I got** very hot. [2] I put on my sunglasses. **I had to** put on sunblock, too. Then I went swimming. The ocean is huge! [3] **It looked** deep, so I swam near the shore. The water smelled funny. I tasted the water. It tasted like salt! [4] I won't be tasting the ocean water again. I swam to shore. [5] **I wanted to** build a sand castle. **I tried to** make the tallest sand castle ever! [6] We all relaxed and enjoyed the sun. We had so much fun. [7] I can't stop thinking about our next trip.

✹ 단어정리

sunglass 선글라스
sunblock 자외선차단제
huge 커다란
deep 깊은
shore 물가
salt 소금
castle 성
trip 여행

166

1. 어제 나는 가족과 함께 해변에 갔다. 나는 필요한 걸 모두 담은 가방을 가지고 갔다. 엄청 더웠다.

_____

_____

2. 선글라스를 꼈다. 자외선차단제도 발라야 했다. 그리고 수영하러 갔다. 바다는 어마어마하게 넓었다!

_____

_____

3. 깊을 거 같아서 해변 가까이에서 수영했다. 물에서 이상한 냄새가 났다. 나는 물맛을 보았다. 소금 맛이 났다!

_____

_____

4. 다시는 바닷물을 먹지 말아야지. 나는 해변으로 헤엄쳐 갔다.

_____

_____

5. 모래성을 만들고 싶었다. 나는 세상에서 가장 큰 모래성을 만들려고 했다.

_____

_____

6. 우리는 모두 편안하게 햇빛을 즐겼다. 우리는 아주 즐겁게 시간을 보냈다.

_____

_____

7. 다음 여행에 대한 생각을 멈출 수가 없다.

_____

24 Happy Birthday, Friend!

친구야, 생일 축하해!

Friday, August 30th

[1]Yesterday was my friend's birthday. She turned twelve years old. **We all** had fun celebrating her birthday. [2]**She said** we could play with her presents. [3]She told me I could ride her new red bike. **It was** fun. [4]**Then** we ate cake. It tasted so good! [5]We sang songs. Then we danced in her backyard. **I did a lot of** dancing. **All of** my friends were laughing! [6]After that we played games. **There were** a lot of games to play. **There were** prizes, too! I got some prizes to take home. [7]**I will** share them with my brother and sister. I love birthday parties!

 단어정리

celebrate 축하해주다
backyard 뒷마당
prize 상
share 나누다

168

STEP 2

일기 전체 완성하기 문장을 연결하여 빠르게 써보세요.

Come on, try!

1. 어제는 내 친구 생일이었다. 그 애는 12살이 되었다. 우리는 모두 생일을 축하하며 즐거운 시간을 보냈다.

2. 그애는 우리에게 받은 선물을 가지고 놀아도 된다고 했다.

3. 나에게는 빨간색 새 자전거를 타도 좋다고 했다. 재미있었다.

4. 그러고 나서 우리는 케이크를 먹었다. 엄청 맛있었다!

5. 우린 노래를 불렀다. 그리고 뒷마당에서 춤을 췄다. 나는 춤을 많이 췄다. 내 친구들이 다 웃었다!

6. 그 다음에 우리는 게임을 했다. 할 게임이 아주 많았다. 상도 있었다! 나는 집에 가져갈 상을 몇 개 탔다.

7. 남동생과 누나에게 나눠줘야지. 나는 생일 파티가 정말 좋다!

25 Three Strikes, You're Out!
삼진아웃!

Thursday, September 10th

¹**I like** to play baseball. **All of** my friends like to play baseball, too. **There is** a lot to do. ²I must catch the ball. And **I had to** throw the ball. And I must also hit the ball with a heavy baseball bat. ³**I like** to hit the ball far. Yesterday I played baseball with my friends. ⁴It sounded loud when I hit the ball with my bat! **It looked like** the ball would never stop! ⁵**We all** ran around the bases. **I was** very close to getting a home run. The other team was fast, though. They won the game. ⁶**I hate** to lose. But I had fun playing with my friends. ⁷My mom says that playing with friends is the best part!

 단어정리

catch 잡다
throw 던지다
hit 치다
loud 소리가 큰
fast 빠른

Come on, try!

1. 나는 야구가 좋다. 내 친구들도 모두 야구를 좋아한다. 할 일이 많다.

2. 공을 잡아야 한다. 그리고 공을 던져야 한다. 그리고 또 무거운 야구 배트로 공을 쳐야 한다.

3. 나는 공을 멀리 치는 것이 좋다. 어제 나는 친구들과 야구를 했다.

4. 내가 배트로 공을 치자 엄청난 소리가 났다! 공이 절대로 멈추지 않을 것 같았다!

5. 우리는 모두 베이스를 달렸다. 거의 홈런이었다. 하지만 상대 팀도 빨랐다. 그들이 이겼다.

6. 난 정말 지는 게 싫다. 하지만 친구들과 재미있게 놀았다.

7. 엄마는 친구들과 노는 게 가장 좋은 거라고 하신다.

26 A Wild Day at the Zoo!

동물원에서 보낸 멋진 하루!

Wednesday, September 15th

[1]Today my teacher took our class on a field trip. She told me we were going to the zoo. [2]**She said** we could see a lot of animals at the zoo. I go to the pet store sometimes. [3]I thought zoo would have puppies and kittens, too. [4]I was surprised! **There were** lions, tigers, and bears! **I was** so excited to see the big animals. [5]**All of** my friends **wanted to** see the monkeys. I wanted to see the fish. **We had to** leave soon, though. [6]**There was** no time to see the monkeys and the fish. We got to see the monkeys. **They were** so funny! [7]**I will have to** go back with my family to see the big fish tanks. **What a great** day!

 단어정리

field trip 견학
zoo 동물원
puppy 강아지
kitten 새끼 고양이
lion 사자   **tiger** 호랑이
bear 곰   **monkey** 원숭이
fish 물고기   **tank** 수조

Come on, try!

1. 오늘 선생님은 우리 반을 데리고 견학을 갔다. 선생님은 나에게 동물원에 갈 거라고 말씀하셨다.

2. 선생님은 우리가 동물원에서 많은 동물을 보게 될 거라고 하셨다. 나는 가끔 애완동물 가게에 간다.

3. 나는 동물원에도 강아지랑 새끼 고양이들이 있을 거라고 생각했다.

4. 난 깜짝 놀랐다! 사자, 호랑이, 그리고 곰이 있었다! 커다란 동물을 보자 완전 신났다.

5. 친구들은 모두 원숭이를 보고 싶어 했다. 나는 물고기가 보고 싶었다. 하지만 우리는 곧 떠나야 했다.

6. 원숭이랑 물고기를 볼 시간이 없었다. 우리는 원숭이를 봐야 했다. 원숭이들은 너무 재미있다!

7. 나는 가족과 함께 커다란 물고기 수조를 보러 다시 와야 할 것 같다. 정말 근사한 하루였다!

27 Yum! Baking Cookies with Mom!
냠냠! 엄마랑 쿠기 만들기!

Wednesday, September 21st

¹Yesterday I helped my mom bake chocolate chip cookies. **She said** we could make a bunch of them. ²I asked her if I could measure the ingredients. **She said** we could do it together. ³We measure the flour, sugar, and butter. I put everything in the bowl. ⁴**It was time to** mix it together. **I had to** keep stirring. It got very difficult. My mom helped me. ⁵**It was time to** put in the chocolate chips. We got some baking sheets out of the cupboards. ⁶I put small balls of cookie dough on the sheets. My mom said she would put the baking sheets in the oven. ⁷I couldn't wait for the cookies to be done! It tasted so good!

★ 단어정리

bake 굽다
cookie 쿠키
measure (무게나 길이를) 재다
ingredient 원료
flour 밀가루
sugar 설탕
butter 버터
stir 휘젓다

174

일기 전체 완성하기 문장을 연결하여 빠르게 써보세요.

Come on, try!

1. 어제 나는 엄마가 초콜릿 칩 쿠키 굽는 걸 도왔다. 엄마는 쿠키를 아주 많이 만들 거라고 하셨다.

_____

_____

2. 나는 재료들을 내가 저울에 달까 물어보았다. 엄마는 같이 하자고 하셨다.

_____

_____

3. 우리는 밀가루, 설탕, 그리고 버터를 쟀다. 그것들을 큰 그릇에 모두 담았다.

_____

_____

4. 그것을 섞을 시간이었다. 계속 저어야 했다. 무척 어려웠다. 엄마가 도와주셨다.

_____

_____

5. 초콜릿 칩을 넣을 시간이었다. 우리는 찬장에서 베이킹 시트를 꺼냈다.

_____

_____

6. 나는 시트 위에 조그만 쿠키 반죽들을 놓았다. 엄마가 시트를 오븐 안에 넣겠다고 하셨다.

_____

_____

7. 나는 빨리 쿠키가 구워지기를 바랐다! 그건 정말 맛있었다!

_____

_____

28 Story Time with Mom!

엄마와의 스토리텔링 시간

Sunday, September 25th

[1]This morning **I went to** the library with my mom and sister. [2]We must be quiet inside the library. **There were** people studying. [3]There were also people reading newspapers. I wanted to look at children's books. **It was** fun to look at the bright book covers. [4]Mom told me and my sister to pick out books to bring home. We got some long ones to read. [5]I put some picture books in the pile, too. **After that** we checked the books out. Then we brought them home. [6]**I was** so excited to hear the stories. I like to hear my mom read to us. [7]**I tried to** sit still so I could hear every word. **It was** a relaxing day.

 단어정리

library 도서관
quiet 조용한
study 공부하다
newspaper 신문
check out 대출하다
still 얌전히
hear 듣다

1. 오늘 아침에 나는 엄마랑 여동생이랑 도서관에 갔다.

_____

_____

2. 도서관 안에서는 조용히 해야 한다. 공부하는 사람들이 있었다.

_____

_____

3. 신문을 읽는 사람들도 있었다. 나는 어린이 책을 보고 싶었다. 밝은 색 표지를 보는 것은 재미있었다.

_____

_____

4. 엄마는 나와 동생에게 집에 가져갈 책을 고르라고 하셨다. 우리는 긴 책을 몇 권 가져왔다.

_____

_____

5. 나는 그림책도 몇 권 더미에 담았다. 그 다음에 우리는 책을 대출했다. 그리고 집에 가져왔다.

_____

_____

6. 나는 그 이야기를 듣고 완전 흥분했다. 나는 엄마가 우리에게 책 읽어주는 걸 듣는 게 좋다.

_____

_____

7. 단어 하나도 놓치지 않고 들을 수 있게 얌전히 앉아 있으려고 노력했다. 편안한 하루였다.

_____

_____

STEP1 패턴 찾아보기 앞에서 배웠던 패턴에 동그라미를 치면서 소리내어 읽어보세요.

29 Making Beautiful Artwork!
멋진 예술 작품 만들기!

Tuesday, October 5th

¹**Today was** a fun day. **I wanted to** paint and draw. My sister tried it, too. ²I can't draw very well, but I still like to try. I put paper, pencils, and paints on the table. ³It was fun to make pictures together. I drew a house. I couldn't draw a dog. ⁴My sister drew it for me. **I had to** mix blue and yellow paints to make green. ⁵I painted green grass. I also had a big yellow sun in my painting. I had such a good time! ⁶I took another piece of paper. I drew a picture of my sister. **She told me** I did a nice job. ⁷I think I will draw every day. **I know I can** learn to draw more things if I practice!

☀ 단어정리

paint 색칠을 하다
draw 그림을 그리다
still 여전히
paper 종이
pencil 연필
mix 섞다
another 또 다른
practice 연습

Come on, try!

1. 오늘은 재미있는 날이었다. 나는 그림을 그리고 싶었다. 내 여동생도 그랬다.

_____

_____

2. 나는 아주 잘 그리지는 못하지만 그래도 시도하고 싶다. 나는 종이, 연필, 그리고 물감을 테이블 위에 놓았다.

_____

_____

3. 함께 그림을 그리는 건 재미있다. 나는 집을 그렸다. 강아지는 그려지지가 않았다.

_____

_____

4. 여동생이 대신 강아지를 그렸다. 나는 파란색과 노란색 물감을 섞어 초록색을 만들었다.

_____

_____

5. 나는 초록 잔디를 칠했다. 커다란 노란색 태양도 그림 속에 그려 넣었다. 정말 즐거운 시간을 보냈다!

_____

_____

6. 나는 다른 종이를 가져왔다. 나는 내 동생을 그렸다. 동생은 잘 그렸다고 말했다.

_____

_____

7. 나는 매일 그림을 그리게 될 것 같다. 연습하면 더 많은 것을 그리는 법을 배울 수 있다는 걸 아니까.

_____

_____

30 Let's Go to the Theater!
영화관에 가자!

Wednesday, October 15th

¹**I love** going to the movies! My family likes to go, too. **We went to** see a movie today. ²My sister wanted to see one about animals. I also wanted to see a funny movie. ³**No one could** decide what to see. **It was** my mom who said we should see a funny movie about animals. ⁴**What a great** idea! We got some popcorn at the theater. I also got a soda. ⁵I was so excited for the movie to start! We sat in the front row. Someone turned the lights off. It got very dark. ⁶Then **it was time** for the movie. It was very funny. We all laughed! ⁷I thought it was the best movie ever! I think **I will** see the movie again.

🌟 단어정리

theater 영화관(=movie theater)
movie 영화
animal 동물
front row 앞 줄
turn the light off 불을 끄다

Come on, try!

STEP 2 일기 전체 완성하기 문장을 연결하여 빠르게 써보세요.

1. 나는 영화 보러 가는 걸 무척 좋아한다! 우리 가족도 그렇다. 우리는 오늘 영화를 보러 갔다.

2. 내 여동생은 동물 영화를 보고 싶어 했다. 또 나는 웃기는 영화를 보고 싶어 했다.

3. 아무도 어떤 걸 볼지 정하지 못했다. 웃기는 동물 영화를 보자고 말한 건 엄마였다.

4. 정말 좋은 생각이었다! 우리는 영화관에서 팝콘을 조금 샀다. 나는 탄산음료도 샀다.

5. 영화가 시작하려고 해서 나는 완전 흥분했다! 우리는 앞줄에 앉았다. 누군가가 불을 껐다. 굉장히 어두웠다.

6. 그러고 나서 영화 시간이었다. 너무 재미있었다. 우리 모두 웃었다!

7. 이제껏 본 최고의 영화였다! 그 영화를 또 볼 테다.

31 Get Well Soon!
곧 나을 거야!

Tuesday, October 20th

[1]**Last week** I was sick. My throat was sore. I was sneezing. [2]I was coughing, too. **I had to** take some medicine. **It tasted** bad. My mom told me to rest. [3]**I wanted to** play with my friends. I also wanted to run and ride my bike. [4]I couldn't do this, though. I had a lot of soup. **I was** in bed all day. [5]I didn't have any books to read. **I was** very bored. I took my medicine again. [6]The next day I wasn't sneezing. I wasn't coughing either. I felt much better. [7]My mom says **it's all** because I rested and took my medicine. You must listen to your mom!

 단어정리

throat 목구멍
sore 따끔거리는
sneeze 재채기하다
cough 기침하다
bored 지루한
took medicine take medicine
(약을 먹다)의 과거형
rest 쉬다
listen to... ...의 말을 듣다

182

1. 지난주에 나는 아팠다. 목이 아팠다. 재채기가 계속 나왔다.

_____

_____

2. 기침도 계속 했다. 나는 약을 먹어야 했다. 맛이 안 좋았다. 엄마는 쉬라고 하셨다.

_____

_____

3. 나는 친구들과 놀고 싶었다. 달리기도 하고 자전거도 타고 싶었다.

_____

_____

4. 하지만 그럴 수 없었다. 나는 수프를 많이 먹었다. 하루 종일 침대에 누워 있었다.

_____

_____

5. 읽을 책이 하나도 없었다. 정말 지루했다. 또 약을 먹었다.

_____

_____

6. 다음날에는 재채기가 나오지 않았다. 기침도 나지 않았다. 몸이 훨씬 좋아졌다.

_____

_____

7. 그건 다 내가 쉬고 약을 먹은 덕분이라고 엄마가 말하셨다. 엄마 말을 잘 들어야 한다!

_____

_____

32 Games, Games, Games!

게임, 게임, 게임!

Friday, November 5th

[1]**Last night** my friends came over. I thought it would be fun to play games together. [2]One friend brought a deck of cards. We played a fast card game with them. Another friend brought a board game. [3]**It sounded** like a difficult game at first. **It was** easy, though! **I was** very good at that game. [4]My mom told me we could play a game of hide-and-seek. What a good idea! **I love** playing hide-and-seek. [5]**I went to** the kitchen to hide. My friend found me right away. **He was** so good at that game! [6]**All of** my friends were laughing when they saw where I was hiding. I was in a cupboard! [7]**We all** had a good night. I think I will ask if they can come over again tomorrow.

♥ 단어정리

deck (카드 패의) 한 벌
board game 보드게임
hide-and-seek 숨바꼭질
right away 바로
hide 숨다

184

1. 어젯밤에 친구들이 놀러 왔다. 같이 게임을 하면 재미있을 것 같았다.

_____

_____

2. 한 친구가 카드 한 벌을 가지고 왔다. 우리는 간단하게 카드게임을 했다. 다른 친구는 보드게임을 가져왔다.

_____

_____

3. 처음에는 어려운 게임처럼 느껴졌다. 그런데 쉬웠다! 나는 그 게임을 정말 잘했다.

_____

_____

4. 숨바꼭질을 해도 된다고 엄마가 말하셨다. 좋은 생각이야! 숨바꼭질 너무 좋아.

_____

_____

5. 나는 부엌에 숨으러 갔다. 내 친구가 곧바로 나를 찾아버렸다. 그 친구는 그 게임을 정말 잘 했다!

_____

_____

6. 내 친구들은 모두 내가 어디에 숨었는지 보고 깔깔 웃었다. 나는 찬장 안에 있었다!

_____

_____

7. 즐거운 밤이었다. 친구들한테 내일 또 놀러 올 수 있는지 물어봐야지.

_____

_____

33 A Nice Dinner Out!
멋진 저녁 외식!

Tuesday, November 15th

¹Yesterday I ate at a restaurant with my family. **It is** fun to eat out sometimes. ²My mom ordered chicken and rice. My dad doesn't like chicken, so he ordered fish. ³My sister told me she wanted fish, too. I didn't feel very hungry. ⁴**I asked** if I could order soup. My mom told me yes. ⁵**I just got** a cup of soup. I also had a piece of bread. **It tasted** so good! **We had** a very good meal. ⁶**After that** we went home. My mom got ice cream out of the freezer. **I love** ice cream. ⁷**We all** had a small bowl of ice cream. I couldn't eat any more. **I was** full!

 단어정리

restaurant 식당
sometimes 가끔씩
order 주문하다
chicken 닭요리(치킨)
rice 쌀, 밥
hungry 배고픈
soup 수프
bread 빵
meal 식사
freezer 냉동고, 냉동실
full 배가 부른

Come on, try!

1. 어제 나는 가족과 함께 식당에서 밥을 먹었다. 가끔 외식하는 건 즐겁다.

2. 엄마는 치킨덮밥을 주문했다. 아빠는 닭요리를 좋아하지 않으셔서 생선요리를 주문했다.

3. 내 여동생은 자기도 생선요리를 먹고 싶다고 말했다. 나는 별로 배고프지 않았다.

4. 나는 수프를 주문해도 될지 물어보았다. 엄마가 된다고 하셨다.

5. 나는 달랑 수프만 한 그릇 먹었다. 빵도 한 조각 먹었다. 참 맛있었다! 우리는 아주 훌륭한 식사를 했다.

6. 그 다음에 우린 집에 왔다. 엄마가 냉동고에서 아이스크림을 꺼내왔다. 난 아이스크림을 정말 좋아한다.

7. 우리는 모두 조그만 그릇에 아이스크림을 담아 먹었다. 더 이상 먹을 수가 없었다. 배가 불렀다!

34 I'm Sorry! I Didn't Mean to Yell!

미안해! 고함치려던 건 아니었어!

Saturday, November 20th

¹Last night I was in trouble. My sister wanted to play with my toys. I told her she couldn't. ²When I left the room, she took one of my toys to play with. **Then** I came back into the room. ³I saw that she was playing with my toy. **I took** the toy away. I yelled at her. ⁴She started to cry. Then my mom came in the room. She asked me what was wrong. ⁵I told her what happened. She doesn't like it when we are mean. **She was** upset with me for yelling. ⁶I felt sad for making my sister cry. **I went to** my sister and hugged her. ⁷**I will never** yell at my sister again. I won't be greedy with my toys.

✳ 단어정리

in trouble 곤경에 처하다
yell 소리 지르다
wrong 잘못된
cry 울다
hug 안아주다
greedy 욕심 많은

1. 어젯밤 나는 문제가 생겼다. 내 동생이 내 장난감을 갖고 놀려고 했다. 나는 안 된다고 말했다.

2. 내가 방을 나가자, 동생은 내 장난감을 하나 가져다가 갖고 놀았다. 그때 나는 방에 돌아왔다.

3. 나는 동생이 내 장난감을 갖고 노는 걸 봤다. 나는 장난감을 빼앗았다. 나는 동생에게 소리를 질렀다.

4. 동생이 울기 시작했다. 그때 엄마가 방에 들어오셨다. 엄마가 왜 그러냐고 물어보셨다.

5. 나는 무슨 일인지 말했다. 엄마는 우리가 못되게 굴면 싫어하신다. 엄마는 내가 고함친 것에 화가 나셨다.

6. 나는 동생을 울린 게 슬퍼졌다. 나는 동생에게 가서 안아주었다.

7. 다시는 동생에게 소리 지르지 말아야지. 장난감에 욕심 부리지도 않을 것이다.

35 Brand New Shoes!

완전 새 신발!

Friday, November 29th

[1]**Last week** I put on my shoes to go to school. But I took them off right away. **They were** too tight! [2]I said to my mom that my shoes were too small. After school **we went to** the shopping mall. [3]I didn't want to go. I wanted to play outside! My feet hurt, though. We went to the shoe store. [4]I couldn't decide which shoes I liked. Nothing looked right. [5]Then my mom found a red pair of shoes. **I loved** them! Try them on, she said. [6]They were perfect! **I asked** her if I could have them. She told me yes. [7]I was very happy we went to the mall.

✹ 단어정리

took off take off(벗다)의 과거형
tight 꽉 조이는
small (크기가) 작은
hurt 아프다
perfect 완벽한, 딱 맞은
pair 짝

1. 지난주에 나는 학교를 가려고 신발을 신었다. 하지만 바로 벗어버렸다. 신발이 너무 꽉 끼었다!

_____

_____

2. 나는 엄마에게 신발이 너무 작다고 말했다. 방과 후에 우리는 쇼핑몰에 갔다.

_____

_____

3. 나는 가고 싶지 않았다. 나는 밖에서 놀고 싶었다! 하지만 발이 아팠다. 우린 신발 가게에 갔다.

_____

_____

4. 나는 어떤 신발이 좋을지 고를 수가 없었다. 딱 좋아 보이는 게 하나도 없었다.

_____

_____

5. 그런데 엄마가 빨간 신발 한 켤레를 찾았다. 완전 마음에 들었다! 신어보라고 엄마가 말했다.

_____

_____

6. 신발은 딱 맞았다! 그 신발을 사도 되는지 엄마에게 물었다. 된다고 하셨다.

_____

_____

7. 나는 쇼핑몰에 간 것이 너무 행복했다.

_____

_____

36 My Grandfather is Funny!
우리 할아버지는 재미있다!

Sunday, December 1st

[1]What a fun morning! My grandfather came over. He is a funny man. **I love** when he visits. [2]**I was so** excited to hear his jokes. He tells the funniest jokes. [3]**All of** my friends wanted to hear his jokes, too. We all sat in the living room. [4]My mom said we could have a glass of soda pop. She gave us each a small glass. [5]**Then it was time to** listen to my grandfather. **I couldn't stop** laughing! He told jokes about our cat. [6]He also told jokes about the weather. We got stomachaches from laughing so much! [7]**I hate** when my grandfather has to go home. I wish he could stay and tell more jokes.

✚ 단어정리

visit 방문하다
joke 농담
soda pop 소다수
stomach 복통

 일기 전체 완성하기 문장을 연결하여 빠르게 써보세요.

Come on, try!

1. 정말 재미있는 아침이다! 할아버지가 오셨다. 재미있는 분이다. 할아버지가 오시면 난 너무 좋다.

2. 나는 할아버지 농담을 듣고 싶어서 완전 들떴다. 할아버지는 가장 웃긴 농담을 해주었다.

3. 내 친구들도 모두 할아버지의 농담을 듣고 싶어 했다. 우리는 모두 거실에 앉았다.

4. 엄마는 우리가 소다수를 마셔도 된다고 하셨다. 엄마는 우리에게 작은 잔을 하나씩 주셨다.

5. 할아버지 얘기를 들을 시간이었다. 웃음이 멈추지 않았다! 할아버지는 고양이에 대한 농담을 하셨다!

6. 그리고 날씨에 대한 농담도 하셨다! 우린 너무 많이 웃어서 배가 아팠다!

7. 나는 할아버지가 집으로 돌아가실 때가 너무 싫다. 할아버지가 여기 계시면서 더 많은 농담을 해주시면 좋겠다.

STEP1 패턴 찾아보기 앞에서 배웠던 패턴에 동그라미를 치면서 소리내어 읽어보세요.

37 A Nice, Long Nap!
달콤하고 긴 낮잠!

Saturday, December 6th

[1]**Today was** a rainy day. It got very dark outside. **There were** a lot of clouds in the sky. [2]**I got** very tired. I laid down on the couch. My mom put a blanket on me. [3]**I tried to** read a book. **I was so** sleepy, though! My eyes felt so heavy! [4]I fell asleep. I had many dreams. [5]**We were** on a boat! In my dream we were sailing around the world! [6]Even my cat was on the boat. Then I woke up. It wasn't raining anymore. [7]I told my mom about my dream. Then I went outside to play!

 단어정리

rainy 비가 오는
dark 어두운
cloud 구름
couch 소파
blanket 담요
heavy 무거운
asleep 잠이 든
sailing 항해

Come on, try!

1. 오늘은 비 오는 날이었다. 밖이 아주 어두웠다. 하늘에는 구름이 가득했다.

2. 나는 무척 피곤했다. 나는 소파에 누웠다. 엄마가 담요를 덮어 주었다.

3. 나는 책을 읽으려고 했다. 그런데 너무 졸렸다! 눈꺼풀이 너무 무거웠다!

4. 나는 잠이 들었다. 꿈을 많이 꿨다.

5. 우리는 배를 타고 있었다! 꿈속에서 우리는 배를 타고 세계를 돌아다녔다!

6. 우리 고양이까지도 배에 타고 있었다. 그리고 잠이 깼다. 비는 더 이상 오지 않았다.

7. 엄마에게 꿈 얘기를 했다. 그리고 밖으로 놀러 나갔다!

STEP 1 패턴 찾아보기 앞에서 배웠던 패턴에 동그라미를 치면서 소리내어 읽어보세요.

38 Run! Faster, Faster, Faster!
달려, 더 빨리! 더 빨리! 더 빨리!

Monday, December 8th

¹Today I ran a race at school! **All of** my friends ran the race, too. ²**We went to** the park. It is a short walk from school. I was so excited to run. ³I thought I would be nervous, but I wasn't. **It was time to** start. Everyone lined up. ⁴Our teacher rang a bell. **We all** ran! **There were** a lot of cheers and screams! ⁵I could feel something on my face. **There were** bugs hitting my face! I wiped them away. ⁶I was running quickly! **It looked** like I was going to win. Then I crossed the finish line. ⁷Everyone was excited. **I knew I could do it!**

✹ 단어정리

race 달리기
start 시작하다
line up 줄을 서다
bell 벨
cheer 응원
scream 소리 지르다
wipe away 닦아내다
quickly 빨리
finish line 결승선

Come on, try!

1. 오늘 학교에서 달리기 시합을 했다! 내 친구들도 모두 그 경기를 뛰었다.

2. 우리는 공원에 갔다. 학교에서 조금만 걸으면 된다. 달리는 건 정말 신났다.

3. 떨릴 줄 알았는데 그렇지 않았다. 시작할 시간이었다. 모두가 줄을 섰다.

4. 우리 선생님이 종을 쳤다. 우리는 모두 달렸다! 많은 응원과 환호성이 쏟아졌다!

5. 얼굴에 뭔가 있는 것 같았다. 벌레들이 얼굴에 부딪히고 있었다! 나는 벌레들을 쓸어내 버렸다.

6. 나는 재빨리 달렸다! 내가 이길 것처럼 보였다. 그리고 나는 결승선을 통과했다.

7. 모두가 흥분했다. 난 내가 해낼 줄 알았다니까!

39 Wow! What's that Sound?
우와, 무슨 소리지?

Saturday, December 15th

[1]Yesterday my grandmother came over. **I love** when she comes over. [2]I didn't know that she had a surprise for us. **She told me to** close my eyes. [3]I thought she had a present for me. I couldn't guess what it was. [4]Then I heard a noise. **It sounded** like music! **She told me to** open my eyes. [5]My grandmother had a guitar! She was playing it! [6]Music will make me want to dance. Especially when my grandmother plays! **I had to** start dancing! [7]She played a lot of fast songs. **We all** were dancing. It was so much fun. **It made me** smile.

 단어정리

surprise 놀라게 하다
close eyes 눈을 감다
guess 짐작하다, 알아맞히다
music 음악
open eyes 눈을 뜨다
guitar 기타

1. 어제 할머니가 오셨다. 할머니가 오시면 난 참 좋다.

_____

_____

2. 나는 할머니가 우리를 위한 깜짝 이벤트를 준비하신 줄은 몰랐다. 할머니는 나에게 눈을 감으려고 하셨다.

_____

_____

3. 나는 할머니가 선물을 주실 거라고 생각했다. 그게 뭔지는 짐작할 수 없었다.

_____

_____

4. 그런데 어떤 소리가 들렸다. 음악 소리 같았다! 할머니는 눈을 뜨라고 하셨다.

_____

_____

5. 할머니는 기타를 들고 계셨다! 할머니가 기타를 연주하고 계셨다!

_____

_____

6. 음악을 들으면 춤추고 싶어진다. 특히 우리 할머니가 연주하실 때면! 춤이 절로 나왔다!

_____

_____

7. 할머니는 빠른 노래를 많이 연주하셨다. 우리는 모두 춤을 췄다. 너무 재미있었다. 웃음이 났다.

_____

_____

40 Helping Mom with Dinner!
엄마의 저녁 준비 돕기!

Saturday, June 15th

¹Today I helped my mom. **I knew I could** play outside, but I wanted to help. My mom was making dinner. ²**I asked** her what she wanted me to do. My mom said I could set the table. ³**I got** out the plates and forks. I put them on the table. ⁴I got some glasses out of the cupboard. I poured water into each one. ⁵Then I ran out to the garden. **There were** a lot of flowers out there. I picked a big bunch of them. ⁶I got a vase and filled it with water. Then I put the flowers in it and set it on the table. ⁷My mom was happy with the table. **I'll be able to** cook dinner when I'm older.

🌟 단어정리

help 돕다
outside 바깥
set the table 상을 차리다
plate 접시
fork 포크
garden 정원
cupboard 찬장
vase 꽃병
cook 요리하다

200

1. 오늘 나는 엄마를 도왔다. 밖에 나가 놀 수도 있었지만 돕고 싶었다. 엄마는 저녁을 준비하고 계셨다.

2. 나는 엄마에게 내가 뭘 하면 좋을지 물었다. 엄마는 나에게 상을 차리라고 말했다.

3. 나는 접시와 포크를 꺼냈다. 나는 그것들을 식탁 위에 놓았다.

4. 나는 찬장에서 잔을 꺼냈다. 잔마다 물을 따랐다.

5. 그리고 나는 정원으로 달려 나갔다. 꽃이 많이 피어 있었다. 나는 꽃을 한 아름 땄다.

6. 나는 꽃병을 가져다 물을 채웠다. 그리고 그 속에 꽃을 꽂고 식탁 위에 놓았다.

7. 엄마가 식탁을 보고 무척 기뻐하셨다. 나이 들면 나도 저녁 음식을 만들 수 있겠지.

STEP1 패턴 찾아보기 앞에서 배웠던 패턴에 동그라미를 치면서 소리내어 읽어보세요.

41 A Beautiful Painting by Me!
내가 그린 멋진 그림!

Wednesday, April 11th

¹Today's art class was fun. Our class got to paint pictures. ²Our teacher gave each of us a huge piece of paper. Then she gave us big jars of paint. ³**I took** a big paint brush. **She told** us we could paint anything we wanted. ⁴**I wanted to** paint a picture of my friend. I wasn't sure, though. Then I had a great idea! ⁵I would try to paint a picture of my cat! I do a lot of drawings of him at home. I drew my cat on the paper. ⁶I couldn't wait to use the paint! **It was time to** mix the colors. I started to paint. I love how it looks! ⁷**I took** it home to show my family. They hung it on the wall!

 단어정리

art 미술,예술
paint 칠을 하다
picture 그림, 사진
jar 항아리   **brush** 붓
idea 생각   **sure** 확신한
mix 섞다   **color** 색
show 보여주다
hung hang(걸다)의 과거형

1. 오늘 미술 시간은 재미있었다. 우리 수업은 그림을 그리는 것이었다.

2. 선생님이 우리 모두에게 아주 커다란 종이를 한 장씩 주셨다. 그리고 커다란 물감 항아리를 주셨다.

3. 나는 커다란 물감 붓을 갖고 있었다. 선생님은 아무거나 그리고 싶은 것을 그리라고 하셨다.

4. 나는 내 친구를 그리고 싶었다. 하지만 확신이 서지 않았다. 그때 좋은 생각이 났다!

5. 우리 고양이를 그려 보는 것이었다! 난 집에서 고양이 그림을 많이 그린다. 나는 종이에 고양이를 그렸다.

6. 물감을 빨리 쓰고 싶었다! 색깔을 섞을 시간이었다. 나는 색칠하기 시작했다. 그림이 정말 마음에 들었다!

7. 그림을 집에 가져가서 가족들에게 보여주었다. 가족들은 그림을 벽에다 걸었다!

42 The Best Surprise Ever!
최고의 깜짝 선물!

Saturday, April 13th

[1]**Last week** my dad came home with a surprise. I felt excited about what he had. [2]**It was** big. **There was** a sheet over it. My dad took the sheet off. It was a cage with a pet bird inside! [3]She was my new pet bird my dad said. No one could believe how pretty she was. [4]She sang songs! **It was** fun to listen to her. She has red and blue feathers! [5]My dad said that I could hold her. **He said** I couldn't squeeze her, though. [6]Squeezing would hurt the bird. **I promised never to** hurt her. [7]I took her out of the cage. She sat on my finger and sang! It was very fun.

✿ 단어정리

a surprise 깜짝선물
sheet 종이
pet 애완동물
red 빨간
blue 파란
feather 깃털
squeeze 꽉 쥐다, 쥐어 짜다
finger 손가락

1. 지난주에 아빠는 깜짝 선물을 들고 집에 왔다. 나는 아빠가 갖고 오신 것 때문에 신이 났다.

2. 그것은 커다랬다. 종이로 싸여 있었다. 아빠가 종이를 벗겼다. 귀여운 새가 들어있는 새장이었다!

3. 내 새로운 애완동물이라고 아빠가 말하셨다. 그 새가 얼마나 예쁜지 아무도 믿지 못할 거다.

4. 새가 노래를 불렀다! 그 노래를 듣는 건 재미있었다. 그 새는 빨갛고 파란 깃털을 가졌다!

5. 아빠는 내가 새를 잡아도 된다고 하셨다. 하지만 너무 세게 잡으면 안 된다고 하셨다.

6. 꽉 쥐면 새가 다칠지도 몰랐다. 나는 절대로 새를 다치게 하지 않겠다고 약속했다.

7. 나는 새를 새장 밖으로 꺼내줬다. 새는 내 손가락 위에 앉아서 노래를 했다! 정말 재미있었다.

STEP 1 패턴 찾아보기 앞에서 배웠던 패턴에 동그라미를 치면서 소리내어 읽어보세요.

43 Ha! Dad Tells Stories!
하하! 아빠는 멋진 이야기 선생님!

Friday, January 21st

¹My dad tells the best stories. Yesterday he told one about a talking bird. ²**I was** laughing so much! I didn't think I was going to stop laughing. **I had to** leave the room! ³**It makes me** so happy when he tells stories. **It's all because** they are so funny. ⁴I think I will be a good story teller when I grow up. **I want to** be just like my dad. ⁵He is a nice man. **I'll be able to** make people smile, too. ⁶**All of** my friends will want to hear me tell stories like my dad. ⁷Then we will laugh a lot. It will be great!

단어정리

stories (복수로) 이야기
bird 새
leave 떠나다
funny 재미있는, 웃긴
story teller 이야기꾼
grow up 자라다
smile 미소 짓다

STEP 2

일기 전체 완성하기 문장을 연결하여 빠르게 써보세요.

Come on, try!

1. 우리 아빠는 최고의 이야기꾼이다. 어제 아빠는 말하는 새 이야기를 해주셨다.

_____

_____

2. 는 엄청 많이 웃었다. 웃음을 멈출 수 있을 것 같지가 않았다. 나는 방을 나와야만 했다!

_____

_____

3. 아빠가 이야기를 해주실 때면 나는 무척 행복하다. 그건 다 그 이야기들이 정말 재미있기 때문이다.

_____

_____

4. 나도 자라면 훌륭한 이야기꾼이 될 거라고 생각한다. 나는 바로 우리 아빠처럼 되고 싶다.

_____

_____

5. 아삐는 멋진 사람이다. 나도 사람들을 미소 짓게 할 것이다.

_____

_____

6. 내 친구들은 모두 내가 우리 아빠처럼 이야기 하는 걸 듣고 싶어 할 것이다.

_____

_____

7. 그럼 우린 많이 웃겠지. 정말 멋질 거야!

_____

_____

44 Fun in the Snow!
즐거운 눈 세상!

Sunday, January 23rd

¹Yesterday it snowed all day! It **looked like** the earth was all white! **I knew I could** build a big snowman with it. ²**I wanted to** sled in it, too. **I asked** my mom if I could go outside. ³**She said** I had to wait until it stopped snowing. Then it stopped! **All of** my friends came over. ⁴**We had to** put on warm coats. I couldn't wait to play! We got big piles of snow. ⁵**I had to** use a shovel. You must make three big balls of snow to make a snowman. ⁶We got each ball to stand on top of each other. We put buttons on its head to make a face. ⁷**I took** an old hat and put it the snowman. It looked so funny! **What a great** day!

★ 단어정리

snowman 눈사람
sled 썰매를 타다
shovel 삽
stand 서다
face 얼굴
hat 모자
button 단추

STEP 2 일기 전체 완성하기 문장을 연결하여 빠르게 써보세요.

Come on, try!

1. 어제는 하루 종일 눈이 왔다. 온 세상이 하얀 것처럼 보였다! 눈사람을 만들 수 있다는 건 분명했다.

_____

_____

2. 나는 눈썰매도 타고 싶었다. 나는 엄마에게 밖에 나가도 되느냐고 물었다.

_____

_____

3. 엄마는 눈이 그칠 때까지 기다려야 된다고 하셨다. 마침내 눈이 멈추었다! 내 친구들이 모두 놀러왔다.

_____

_____

4. 우리는 따뜻한 코트를 입어야만 했다. 나는 빨리 놀고 싶었다! 우리는 큰 눈 덩이를 만들었다.

_____

_____

5. 나는 삽을 써야만 했다. 눈사람을 만들려면 커다란 눈 덩이 3개가 필요하다.

_____

_____

6. 우리는 각자 만든 눈 덩이를 서로의 것 위에 세웠다. 우리는 눈사람 머리에 단추를 붙여서 얼굴을 만들었다.

_____

_____

7. 오래된 모자를 가져다가 눈사람에게 씌웠다. 그건 참 재미있게 보였다! 정말 재미있는 날이었다!

_____

_____

45 Yikes! A Scary Surprise!

이크! 깜짝이야!

Thursday, February 5th

[1]This morning I was scared. **There was** a big spider in the kitchen! **I hate** spiders. [2]They are creepy bugs! I never want to be around them. [3]The spider was crawling around in the kitchen. **I was worried** it would crawl on me. [4]It got very close to me. I ran to get my brother. **I said to** come to the kitchen. [5]I told him about the spider. He doesn't like to kill bugs. I felt scared, though. [6]He put on his shoes. **I was worried** he wouldn't be able to find the spider. [7]My brother saw the spider. He stepped on the spider. I wasn't scared anymore.

 단어정리

spider 거미
creepy 으스스한, 소름 돋는
crawl 기어다니다
though 그렇지만
step 밟다

210

Come on, try!

1. 오늘 아침에 나는 무서웠다. 부엌에 커다란 거미가 있었다! 나는 거미가 너무 싫다.

2. 거미들은 소름끼치는 벌레다! 난 절대로 거미 근처에 가고 싶지 않다.

3. 거미들은 부엌을 기어 다니고 있었다. 나는 거미가 나에게 기어오를까봐 무서웠다.

4. 거미가 아주 가까이 왔다. 나는 형을 부르러 달려갔다. 나는 부엌으로 오라고 말했다.

5. 나는 거미에 대해 말했다. 형은 벌레 죽이는 걸 좋아하지 않는다. 하지만 난 무서웠다.

6. 형이 신발을 신었다. 나는 형이 거미를 찾지 못할까봐 걱정되었다.

7. 형이 거미를 봤다. 형이 거미를 밟아 버렸다. 난 더 이상 무섭지 않았다.

46 The Truth is the Best!
진실이 최선이다!

Monday, February 11th

[1]**I promised never to** tell a lie. [2]**I** won't get in trouble if I do not lie. [3]My mom says it is bad to lie. **It's all because** lying is a mean thing to do. [4]**I want to** be a good person. **I am** a truthful person. [5]**I will try to** be good and not get into trouble. My friends don't lie either. [6]**We all** tell the truth. **We want to** be good friends to each other. [7]**It makes** us feel good!

★ 단어정리

promised
promise(약속하다)의 과거형
get in trouble 말썽을 일으키다
lie 거짓말 하다
mean 나쁜, 비열한
person 사람
truth 진실
each other 서로서로

212

1. 나는 절대로 거짓말하지 않겠다고 약속했다.

_____

_____

2. 내가 거짓말을 하지 않으면 어려움에 빠질 일은 없을 것이다.

_____

_____

3. 엄마는 거짓말하는 건 나쁘다고 늘 말씀하신다. 그건 다 거짓말이 치사한 짓이기 때문이다.

_____

_____

4. 난 좋은 사람이 되고 싶다. 나는 진실한 사람이다.

_____

_____

5. 나는 좋은 사람이 되도록 노력해서 말썽을 일으키지 않겠다. 내 친구들도 거짓말은 하지 않는다.

_____

_____

6. 우리는 모두 진실을 말한다. 우리는 서로에게 좋은 친구가 되고 싶다.

_____

_____

7. 그건 우리를 기분 좋게 한다!

_____

_____

47 A Great Day for a Picnic!
소풍 가는 날!

Saturday, May 5th

[1]**Last week** I went on a picnic. I had a lot of fun on the picnic. [2]**It made** me happy to be with my family. My grandmother and grandfather came, too. Everyone made such good food! [3]We got a big blanket to sit on. **We all** sat on the blanket to eat. [4]There was a lot to eat! **I tried to** keep the bugs away from my food. They wanted to eat it, too! [5]My favorite thing to eat was the cake. **Nothing** tastes better than grandmother's cake! [6]**After that** it was time to fly kites. **It was so** much fun. We all flew kites high in the air! [7]**What a great** day for a picnic!

★ 단어정리

balnket 담요, 돗자리
kite 연
fly 날리다
high 높이

214

 STEP 2 일기 전체 완성하기 문장을 연결하여 빠르게 써보세요.

1. 지난주에 난 소풍을 갔다. 소풍가서 정말 재미있는 시간을 보냈다.

_____

_____

2. 가족과 함께 있는 것이 나를 행복하게 했다. 할머니와 할아버지도 오셨다. 모두 정말 맛있는 음식을 만들었다!

_____

_____

3. 우리는 커다란 돗자리를 갖고 있었다. 우리 모두 밥을 먹으려고 돗자리 위에 앉았다.

_____

_____

4. 먹을 것이 아주 많았다! 나는 벌레들을 음식에서 쫓아내려고 애썼다. 벌레들도 음식을 먹고 싶어 했던 것이다!

_____

_____

5. 내가 가장 좋아하는 건 케이크다. 할머니의 케이크보다 더 맛있는 건 세상에 없다!

_____

_____

6. 그 다음에는 연을 날렸다. 아주아주 재미있었다. 우리는 모두 하늘 높이 연을 날렸다!

_____

_____

7. 소풍가기에 정말 좋은 날이었다!

_____

_____

48 My First Day of School!
나의 학교 첫 날!

Monday, March 5th

¹**Today was** my first day of school. **I was** very excited. **I had to** take the bus to school. ²**There were** a lot of children on the bus. My best friend was on the bus. We sat next to each other. ³**She was** nervous. I told her not to worry. **I said** that school would be fun! ⁴**We were** dropped off in front of the school. It was a big building. My teacher was very nice. ⁵She told us that we would be learning a lot. **I will have to** study hard. ⁶**I know I can** do well in school. I think I will make a lot of new friends, too! ⁷My friend and I aren't worried anymore. Our first day of school was fun!

🌸 단어정리

take bus 버스를 타다
nervous 떨리는
drop off (차에서) 내려주다
learn 배우다
study 공부하다
anymore 더 이상

Come on, try!

1. 오늘은 학교에 가는 첫 날이었다. 나는 무척 흥분 되었다. 나는 학교까지 버스를 타야 했다.

2. 버스에는 아이들이 많았다. 내 가장 친한 친구가 버스에 있었다. 우리는 서로 옆에 나란히 앉았다.

3. 그 애도 초조해 했다. 나는 걱정하지 말라고 말했다. 나는 학교가 재미있을 거라고 말했다!

4. 우리는 학교 앞에서 내렸다. 학교는 큰 건물이었다. 우리 선생님은 무척 다정하셨다.

5. 선생님은 우리가 많은 걸 배우게 될 거라고 말씀하셨다. 나는 열심히 공부해야 할 것이다.

6. 나는 내가 학교에서 잘 할 걸 알고 있다. 또 새 친구도 많이 사귀게 될 것이다!

7. 내 친구와 나는 이제 더는 걱정하지 않았다. 우리의 등교 첫 날은 재미있었다!

STEP1 패턴 찾아보기 앞에서 배웠던 패턴에 동그라미를 치면서 소리내어 읽어보세요.

49 I Love Summertime!
난 여름이 완전 좋아!

Wednesday, August 13th

¹Yesterday was the first day of summer. **It is** my favorite time of year! ²**I was so** excited to play outside. **It was** warm and sunny. ³I took a long walk to the park. Then I played on the swing set. ⁴It got very hot, so I went home. I have a pool in the backyard. ⁵**I asked** my mom if I could swim. She told me I could. **I went to** the pool. The water looked so cool! ⁶I jumped in the pool. I made a huge splash! **I just got** new goggles. ⁷I put them on and swam underwater. **It was** so much fun! **I would like to** swim every day this summer!

 ★ 단어정리

warm 따뜻한
swing 그네를 타다
pool 수영장
splash 첨벙거리다
google 구글, 안경
underwater 물 속에서

1. 어제는 여름이 시작되는 첫 날이었다. 1년 중에서 내가 가장 좋아하는 때다!

2. 밖에 나가 놀 생각에 난 완전 들떴다. 따뜻하고 화창했다.

3. 나는 공원까지 한참 걸어갔다. 그리고 그네를 탔다.

4. 굉장히 더워져서 나는 집에 갔다. 우리 집 뒷마당에는 수영장이 있다.

5. 엄마에게 수영해도 되냐고 물었다. 된다고 하셨다. 나는 수영장으로 갔다. 물이 아주 시원해 보였다!

6. 나는 수영장 속으로 뛰어 들어갔다. 거대한 물보라가 일었다! 나는 바로 얼마 전에 새 물안경을 샀다.

7. 나는 물안경을 끼고 물속에서 수영했다. 엄청 재미있었다! 나는 올여름 내내 매일 수영하고 싶다.

50 Yummy Vegetables!

맛있는 야채!

Friday, April 16th

¹This morning **I had to** do my chores. **It was time to** water the vegetable garden. ²My family has a big garden. **It makes me** happy to see so many vegetables getting big. ³I took a big bucket and filled it with water. **After that** I carried it to the plants. ⁴I gave each plant a big drink of water. **I promised never to** forget to water the garden. ⁵I do it every morning! **I can't wait** to eat a big tomato. **I love** green beans, too. ⁶Nothing is better than a big vegetable garden! **I will have to** ask my parents when we can pick the vegetables. ⁷**I will** eat a big bowl of them! They will help me grow up big and strong!

★ 단어정리

vegetable 채소
fill 채우다
water (식물에) 물을 주다
green bean 깍지콩
garden 정원

220

1. 오늘 아침에 나는 집안일을 해야만 했다. 채소밭에 물을 줄 시간이었다.

_____

_____

2. 우리 가족은 큰 정원을 가지고 있다. 많은 채소들이 크게 자라는 것을 보는 것이 난 참 좋다.

_____

_____

3. 나는 커다란 양동이를 가져다가 물을 가득 채웠다. 그 다음에는 식물들이 있는 곳으로 가져갔다.

_____

_____

4. 식물마다 물을 듬뿍 주었다. 나는 정원에 물 주는 것을 절대 잊지 않겠다고 약속했다.

_____

_____

5. 나는 매일 아침 물을 준다. 커다란 토마토를 빨리 먹고 싶었다. 나는 깍지콩도 정말 좋아한다.

_____

_____

6. 커다란 채소밭보다 더 좋은 건 아무것도 없다! 채소들을 언제 딸 수 있는지 부모님께 물어봐야겠다.

_____

_____

7. 한 그릇 가득 채소를 먹을 테다! 그럼 난 크고 튼튼하게 자라겠지!

_____

_____